Poetik der Biographie

Fröhliche Wissenschaft 150

Angela Steidele

Poetik der Biographie

 Matthes & Seitz Berlin

Inhalt

»Wissen Sie, ich lese keine Romane, sondern nur Biographien. Ich will sichergehen, dass auch stimmt, was ich da lese.«

Ich schlucke, als ich dem Herrn sein neu erworbenes Exemplar von *Anne Lister. Eine erotische Biographie* nach einer Lesung signiert zurückgebe.

Biographien vor dem 20. Jahrhundert

Der Vorbehalt des Herrn geht auf Aristoteles' *Poetik* zurück: »Denn der Geschichtsschreiber und der Dichter [...] unterscheiden sich [...] dadurch, daß der eine das wirklich Geschehene mitteilt, der andere hingegen, was geschehen könnte.«[1] Allerdings zweifelte schon Plutarch, der renommierteste Biograph der Antike, an dieser sauberen Trennung zwischen Historie und Dichtung: »Denn ich schreibe nicht Geschichte, sondern zeichne Lebensbilder«.[2] Seitdem steht die Frage im Raum, ob Biographien der Kunst angehören oder der Wissenschaft. Die strittige Natur der Biographie zu klären – an nichts Geringerem will ich mich hier verheben.

Biographische Textformen haben die europäische Literatur von ihren Anfängen an stark geprägt: vom antiken Herrscherlob bis zur pietistischen Leichenpredigt, von den Evangelien bis zum Gelehrtenporträt, von den mittelalterlichen Heiligenlegenden bis zum journalistischen Nachruf und Personenartikeln auf Wikipedia reicht das Spektrum. Sprach man lange von ›vita‹, bürgerte sich in der Neuzeit der Begriff ›Biographie‹

in den europäischen Sprachen ein. Im 19. Jahrhundert bildete sich die Biographie in der Form aus, wie sie heute wahrgenommen wird: als große Monographie, die ein Leben von der Geburt bis zum Tod darstellt, ja eigentlich schon bei den Voreltern einsetzt und bis ins Nachleben reicht. Historikern wie Germanisten galten solche Biographien als das Mittel der Darstellung. »Den Weg des Genies zu seiner Bestimmung durch die Widrigkeiten des Schicksals hindurch noch einmal abzuschreiten, darin lag die vornehmste Pflicht des Biographen«,[3] schreibt Detlef Felken, Cheflektor des für seine Biographien berühmten C. H. Beck-Verlags. Diese Heldenverehrung wurde ungemein aufwändig betrieben. Die Historiker sammelten, sichteten, ordneten und veröffentlichten Unmengen an Quellen; ihre Arbeiten sind bis heute unverzichtbar. In ihrer großartigen *Maria Theresia* (2017) erinnert Barbara Stollberg-Rilinger dankbar an Alfred Ritter von Arneth, der 1863 bis 1879 eine Biographie der Kaiserin in zehn Bänden vorlegte und weitere Dokumente publizierte.

Wie die Historiker nahmen auch die Germanisten einzelne Persönlichkeiten ins Visier. Die »Sophien-Ausgabe« von Goethes Werken, Briefen und Tagebüchern (133 Bände) diente dazu, die Neuere deutsche Philologie als eigenes Fach zu etablieren. Texte interpretierte man mit Blick auf das Leben des Autors; Literaturgeschichte betrieb man ausschließlich als Biographik und überbot sich dabei gegenseitig: Heinrich Viehoff, *Goethes Leben* (4 Bde, 1847–1854), Karl Goedeke, *Goethes Leben und Schriften* (1874), Heinrich Düntzer, *Goethes Leben* (1880), Alexander Baumgartner, *Göthe. Sein Leben und seine Werke* (3 Bde, 1880–1883), Richard Moritz Meyer, *Goethe* (1895), Albert Bielschowsky, *Goethe. Sein Leben und seine Werke* (2 Bde, 1895/1904, bis 1925 43 Auflagen), sind längst nicht alle. Wilhelm Dilthey, der Begründer der Geisteswissenschaften, bezeichnete die Biographie als den Königsweg historischer Erkenntnis, als »Urzelle der Geschichte«.[4] Dagegen ätzte Nietzsche: »biographische Seuche«.[5]

Quellen entziffern

»Ich glaube, am besten vergleichst Du uns ein paar Leuten, die sich spät finden und dann einander heiraten. Stürbe sie – so spräng ich jetzt in den Rhein, denn ich könnte nicht ohne sie bestehen«,[6] schrieb Adele Schopenhauer im Juli 1829 ihrer alten Freundin Ottilie von Goethe über ihre neue Bekannte Sibylle Mertens-Schaaffhausen. Ich fand diesen Satz in einer der Veröffentlichungen der Goethe-Philologie, die, nachdem der Meister selbst abgearbeitet war, sein Umfeld beleuchtete. Die Worte Adele Schopenhauers elektrisierten mich. Konnte es sein, dass –? Das Buch wirkte nicht allzu seriös. Hatte der Autor gar etwas ausgelassen? Nicht einmal Goethe war vor Eingriffen sicher. Die Hofdamen der Großherzogin Sophie radierten aus seinen mit Bleistift geschriebenen Notizbüchern alles Anstößige aus, bevor sie die berüchtigten *Venezianischen Epigramme* zur Veröffentlichung freigaben. Muriel Green ließ bei der Edition von Anne Listers Briefen einfach diejenigen an ihre letzte Lebensgefährtin Ann Walker weg. Beethovens erster Biograph Anton Schindler vernichtete gut zwei Drittel von dessen sogenannten Konversationsheften, mit denen der ertaubte Komponist Gespräche schriftlich führte. Die Beispiele lassen sich beliebig ergänzen: Biographen suchen, sammeln, ordnen, interpretieren und veröffentlichen Quellen nicht nur, sie wählen auch aus, datieren neu, adressieren um und lassen Unliebsames verschwinden.

Das Goethe- und Schiller-Archiv in Weimar thront in einem stattlichen neoklassizistischen Gebäude über der Ilm. Eine wunderliche Mischung aus weihevoller Würde, DDR-Mief (»Vor der Wende war's hier gemütlicher«) und Stasi-Misstrauen (»Sie lesen zu viel!«) wehte hier noch 2006 (inzwischen wurde es grundsaniert). Im Lesesaal wies man mir einen Platz für die nächsten drei Monate zu. Ich freute mich über den Blick aus dem Fenster, weit über Weimar hinweg bis zu einer Hügelkette. Erst nach ein paar Tagen erkannte ich am Horizont das Mahnmal für Buchenwald. Da saß ich Tag für Tag, rekonstruierte die Liebesgeschichte zweier Frauen aus der Goethezeit und blickte auf ein Konzentrationslager. Abends kehrte ich ins Hofdamenhäuschen des Wittumspalais von Anna Amalia zurück, wo ich in einer Stipendiaten-WG der Klassik Stiftung wohnte. Weimar, du deutsche Stadt. Nur Nürnberg kann dir das Wasser reichen.

»Biographie« heißt »Leben schreiben«. Zuallererst heißt es aber: Leben lesen, im wahrsten Sinne des Wortes: *legere*, sammeln, auflesen. Das ist bei schriftlichen Zeugnissen in der deutschen Kurrent (»Laufschrift«: Sie ist nicht ganz so spitz wie die spätere Sütterlin) nicht eben einfach. Um Sibylle Mertens' Briefe entziffern zu können, erstellte ich ein Alphabet ihrer Handschrift, Groß- und Kleinbuchstaben in ihren persönlichen Formen, zu Beginn, inmitten und am Ende eines Wortes. Brachte mir die Archivarin Nachschub, meinte ich, eine ganz leicht hochgezogene Augenbraue wahrzunehmen, wenn sie die Mappen neben meine Lesehilfe ablegte. »Dafür hast du noch nie etwas von Gender Studies gehört«, flüsterte ich lautlos, wenn ich ihr hinterherblickte.

Als Weimar-Stipendiatin erhielt ich Originale statt der Mikrofilme, mit denen Normalsterbliche abgespeist wurden. Nur im Original teilen die Briefe weitere wesentliche Informationen mit: Das luxuriöse, starke Papier, das sich Sibylle Mertens leisten konnte, ist immer noch wundervoll erhalten. Die ewig von Geldnot gepeinigte Ottilie von Goethe dagegen beschrieb dünnes Papier mit billiger Eisengallustinte; wenn sie ans Ende des Bogens gekommen war, drehte sie ihn um 90 Grad und schrieb, nun in lockerem Duktus, noch einmal quer über die Zeilen. Ihr Trick, Porto und Papier zu sparen, haben ihre Briefe zu verklebten Tintenfraßpacken gemacht. Sie sind heute zur Benutzung gesperrt. In einigen Jahren werden viele Archivalien digitalisiert sein. Wird man dann noch erkennen, dass Sibylle Mertens beim Schreiben weinte? Oft tropften ihre Tränen nur neben oder zwischen die Zeilen und verschmierten die Tinte nicht. Scans lassen sich nicht gegen das Licht halten.

Biographiekritik

Nach dem Zusammenbruch der alten Welt im Ersten Weltkrieg stießen Schriftsteller wie Emil Ludwig oder Stefan Zweig in ihren Biographien die Helden von den Sockeln, auf die sie die Historiker des 19. Jahrhunderts gehoben hatten. Der Biograph war »nicht länger der ernste, mitfühlende Gefährte seines Helden, der sich geradezu knechtisch in dessen Fußstapfen abmüht«, beobachtete Virginia Woolf in ihrem Essay »Die Neue Biographie« (1927); fortan »dürfen auch wir mit den Großen und Mächtigen am Tisch sitzen und reden«.[7] Die Neue oder Moderne Biographik, die in England Woolfs Freund Lytton Strachey vertrat (*Eminent Victorians* 1918, *Queen Victoria* 1921), interessierte sich weniger für die Werke oder das Wirken der Künstler oder Politiker als für ihr Seelen- und Triebleben. Zugunsten einer flüssigen Erzählung verzichteten die Autoren weitgehend darauf, historische Hintergründe darzustellen und Belege beizubringen. »Illegitim« seien Ludwigs und Zweigs Biographien, nichts als »historische Belletristik«,[8] schimpften daher die Historiker. Sie störten sich zudem an der politischen Einstellung der Neuen Biographen, die den Obrigkeitsstaat verachteten. So wurde in der Weimarer Republik auf dem Rücken der Gattung Biographie ein Stellvertreterkrieg ausgefochten zwischen den demokratisch gesinnten Neuen Biographen und den konservativ bis monarchistisch eingestellten Historikern.

Theoretischen Beistand erhielten die Reaktionäre ausgerechnet von dem linken Soziologen und damaligen Feuilletonchef der *Frankfurter Zeitung* Siegfried Kracauer, der in seinem Aufsatz über »Die Biographie als neubürgerliche Kunstform« (1930) den Neuen Biographen und ihrem Publikum illusionären Selbstbetrug vorwarf. Die Biographie sei »ein Zeichen der *Flucht;* genauer: der Ausflucht.« Nach den tiefgreifenden politischen, gesellschaftlichen und technischen Veränderungen der Moderne könnten Individuen nicht länger als autonom handelnde Subjekte verstanden werden, weshalb ihr Leben auch nicht in Biographien darstellbar sei. Angestellte und kleine Beamte, also Angehörige »des stabilisierten *Bürgertums*«, griffen jedoch zu Biographien, um »sich allen Erkenntnissen und Formproblemen zu verweigern, die seinen Bestand gefährden.«[9] Kracauer lehnte die Neue Biographie also ab, weil sie die seiner Meinung nach notwendige Bildung eines Klassenbewusstseins in der unteren Mittelschicht verhindere.

Nach dem Zweiten Weltkrieg interessierte sich die Geschichtswissenschaft allein für kollektive und gesellschaftliche Strukturen und Prozesse; Fragen an das Individuum, wie sie die Biographik per definitionem stellt, galten als abwegig. Noch entschiedener lehnte die Literaturwissenschaft die Gattung Biographie ab. Nach Roland Barthes' *Tod des Autors* (1967) und Michel Foucaults *Was ist ein Autor* (1969) erübrigte sich – zumindest theoretisch – jede Biographie. Als der französische Poststrukturalismus die deutschen Geisteswissenschaften beherrschte, wurde Siegfried Kracauer posthum zum Heiland der Antibiographik erkoren. Während das Publikum weiterhin Biographien liebte und Golo Mann mit *Wallenstein* (1971) einen der größten Bucherfolge der alten Bundesrepublik verzeichnete, führte die deutsch-französische Biographiekritik ein exzentrisches Eigenleben jenseits aller Lese- und Schreibwirklichkeiten: Da Biographien laut Theorie unmöglich waren, erforschte man sie nicht, sondern strafte sie mit Verachtung.[10] Pierre Bourdieus Aufsatz »Die biographische Illusion« (1986, dt. 1990) wurde zum oft zitierten zweiten Evangelium der Antibiographik: Indem Biographen ein Leben als etwas Ganzes schilderten, chronologisch und logisch, konsistent und kohärent, unterliegen sie nach Bourdieu »einer rhetorischen Illusion« und erzeugten eine »artifizielle Kreation von Sinn«.[11]

Die entschiedenste Jüngerin dieser Biographiefeindlichkeit war Sigrid Weigel, die mit *Ingeborg Bachmann. Hinterlassenschaften unter Wahrung des Briefgeheimnisses* (1999) eine dezidierte Anti-Biographie vorzulegen hoffte, schließlich sei die Biographie »als Verworfenes der Theorie, als buchstäbliches Abjekt« ein »Anathema«.[12]

Mit der Jahrtausendwende brach schließlich der Bann. Sigrid Löffler widmete 2001 ein ganzes *Literaturen*-Heft Biographien. Ihr Aufmacher klang scharfzüngig, schleuste aber wie ein trojanisches Pferd die verfemte Gattung wieder in den Diskurs ein. »Die Angelsachsen scheinen, schon aus Tradition, die geborenen Biografen. Als Pragmatikern, die allen Theoriebildungen ironisch oder dickfellig widerstehen und den viktorianischen Roman sozusagen im Blut haben, liegt ihnen das Genre.« Tatsächlich entwickelte sich in Großbritannien schon Mitte des 19. Jahrhunderts das eigenständige, so anspruchsvolle wie angesehene Berufsbild des Biographen. Aktuell stammen die bedeutendsten Biographien sowohl über Goethe (Nicholas Boyle) als auch Hitler (Ian Kershaw) von britischen Forschern. Die »leutselige Gattung«, so Löffler weiter, nehme es allerdings »mit ihren begrifflichen Prämissen nicht allzu genau [...] und sie scheint auch ohne Poetik glänzend auszukommen.«[13]

Akademischer Selbstmord

Mit der fehlenden Poetik hatte Löffler recht. Es gab und gibt allenfalls Vorüberlegungen zu den spezifischen Charakteristika, übergreifenden Merkmalen und inneren und äußeren Notwendigkeiten der Gattung, denen jede Biographie folgen muss, will sie als solche erkannt werden.

2007 bewarb ich mich um eine Juniorprofessur an der Universität Hildesheim mit einem Probevortrag zum Thema »Poetik der Biographie«. Ich hatte zu diesem Zeitpunkt meine erste Biographie bereits veröffentlicht und arbeitete an der zweiten. Ich fühlte mich also gerüstet. Kokett begann ich meinen Vortrag mit einem Zitat der US-amerikanischen Literaturwissenschaftlerin und Biographin Deirdre Bair, das ich in dem *Literaturen*-Heft von Sigrid Löffler gefunden hatte: »Die Biografie ist akademischer Selbstmord.«[14] Hätte ich Bair doch nur geglaubt! Was als klassische Captatio benevolentiae und etwas durchsichtige Selbstironie gedacht war, erwies sich als Schuss in den Ofen: Die Stelle bekam ein anderer, und meine Hoffnungen auf eine Karriere in den Wissenschaften musste ich begraben.

Wiedergeburt

Nicht nur die Allgegenwart von Biographien ließ die Forschung schließlich kapitulieren. Auch die Frauenbewegung der 1970er Jahre verhalf der Gattung zu neuen Ehren in den Wissenschaften. Solange Biographien per se zu nichts gut waren, methodisch verabscheuungswürdig und eigentlich glatte Lügen, solange konnten weder Arbeiter, Tagelöhner noch andere unterprivilegierte Menschen in der Geschichte ›entdeckt‹ werden – und schon gar nicht Frauen. Die Verteufelung der Gattung erwies sich aus feministischer Perspektive als ein letzter Coup des Patriarchats: Frauen, die schon zu Lebzeiten unterdrückt oder von der Nachwelt verschwiegen worden waren, mussten auch in der Gegenwart unsichtbar bleiben, denn Biographien waren ja nur illusionärer Ausdruck einer trivialen Sehnsucht nach Sinnhaftigkeit von Lebensläufen. Der patriarchalen Geschichtserzählung wurde zunehmend widersprochen; *herstory* sollte *history* ergänzen. Die feministischen Literaturwissenschaftlerinnen der ersten Generation arbeiteten daher im weitesten Sinne biographisch: Da mussten Autorinnen erst einmal entdeckt und Werkverzeichnisse erstellt oder komplettiert werden, nach verschollenen Texten gefahndet, Neudrucke initiiert, Korrespondenzen gefunden werden. All das, was die Neuere deutsche Philologie im 19. Jahrhundert für Goethe, Schiller & Co. längst erledigt hatte, wurde für Autorinnen in viel bescheidenerem Maßstab ab den 1980er Jahren nachgeholt.

Als die poststrukturalistische Mode an den Universitäten verebbte, nahm schließlich die Forschung zur Biographik allgemein Fahrt auf. Stellvertretend sei das interdisziplinäre, dezentrale Zentrum für Biographik genannt, für das Christian Klein (Wuppertal) etliche Werke herausgegeben hat, u. a. das überaus hilfreiche *Handbuch Biographie* (2009). In Wien gründete sich 2005 das Ludwig Boltzmann Institut für Geschichte und Theorie der Biographie. Trotz dieses Namens beobachtet dessen früherer Leiter Bernhard Fetz »eine beträchtliche Theorieresistenz« der Biographie, ja, argwöhnt, dass »es keine konsistente Theorie der Biographie gibt, es sie vielleicht auch gar nicht geben kann aufgrund ihres ›Bastardcharakters‹«.[15] Trocken merkt der französische Anglist Joanny Moulin an: »Was einige deutsche Forscher ihre ›Theorieresistenz‹ nennen, ist nicht so sehr ein Widerstand, den die Biographie der Theoriebildung entgegensetzen würde, als der Widerstand der ›Theorie‹ gegenüber der

Biographie«.[16] Wann hätte sich je das Drama oder der Roman oder gar das Gedicht durch ›Theorienähe‹ ausgezeichnet? Und doch wurden Poetiken entworfen. Im Zweifel an ihrer Theoriefähigkeit mag sich immer noch die jahrzehntelange universitäre Verachtung der Biographie spiegeln. Die Situation erinnert an das 18. Jahrhundert, als der Roman als mindere Gattung galt, der es insbesondere an einer Poetik ermangele.

Mittlerweile hat sich die Biographie wieder zu einer Königsdisziplin entwickelt, zumal sie nicht nur das Fachpublikum, sondern »durch ihren personalisierten Fokus auch Leser anzieht, die für abstrakte oder unpersönliche Darbietungen vielleicht nicht zu gewinnen wären.«[17] Ian Kershaw räumte ein, dass ihn an Hitler »weniger der merkwürdige Charakter des Mannes interessiert [...] als die Frage, wie Hitler möglich war«.[18] Sein *Hitler* (2 Bde, 1998 und 2000, dazu ein Registerband, insges. 2 418 Seiten) tarnt sich als Biographie, erweist sich aber bei genauerem Hinsehen als eine grundlegende Studie über das nationalsozialistische Deutschland. Dieser Etikettenschwindel ist derzeit allerorten zu beobachten. Johannes Fried enttäuschte Leser, die sich von *Karl der Große. Gewalt und Glaube. Eine Biographie* (2013) versprachen, stattdessen aber reichlich Theologie des 9. Jahrhunderts bekamen. Helmut Pfotenhauers *Jean Paul. Das Leben als Schreiben* (2013) ist eine überaus gelungene Gesamtdarstellung eines schriftstellerischen Werks, wird aber auch nicht durch die roten Lettern »Biographie« auf dem Umschlag zu einer solchen. Barbara Stollberg-Rilingers bereits erwähnte *Maria Theresia. Die Kaiserin in ihrer Zeit* (2017) birgt zwar in vielleicht einem Drittel der 1 083 Seiten auch die im zweiten Untertitel versprochene Biographie. Korrekterweise aber hätte das Werk *Das theresianische Zeitalter* heißen müssen. Damit hätte Stollberg-Rilinger jedoch weder die Preise gewonnen noch den Publikumserfolg gelandet, die das Buch zu Recht verdient hat.

So verkaufsfördernd ist das Genre, dass Verlage und Autoren den Untertitel »Biographie« inflationär verwenden. Es gibt nichts, was mittlerweile nicht eine Biographie ist. *Die Donau. Biographie eines Flusses* (Claudio Magris 1986, dt. 1988), *Gott. Eine Biographie* (Jack Miles 1995, dt. 1996), *Der Teufel. Eine Biographie* (Peter Stanford 2000), *The Moon. A biography* und *The Sun. A biography* (beide von David Whitehouse, 2001 bzw. 2005). Der Dickens- und Shakespeare-Biograph Peter Ackroyd schreibt grundsätzlich immer Biographien, auch wenn es um *London. The biography* (2000) geht oder *The Thames. The biography* (2008). Theo Sommer hat *1945. Biographie eines Jahres* (2005) geschrieben. Es gibt sogar *Die Biographie eines Songs* (Greil Marcus, *Bob Dylan's*

Like a Rolling Stone, 2005) und *Biographien des Buches* (herausgegeben von Ulrike Gleixner 2017). Eigentlich sollte ich dieses Buch anders nennen: *Die Biographie. Eine Biographie.*

These 1: Affekt als Voraussetzung

Sigmund Freud stellt in *Eine Kindheitserinnerung des Leonardo da Vinci* (1910) fest, dass Biographen »in ganz eigentümlicher Weise an ihren Helden fixiert sind. Sie haben ihn häufig zum Objekt ihrer Studien gewählt, weil sie ihm aus Gründen ihres persönlichen Gefühlslebens von vornherein eine besondere Affektion entgegenbrachten. Sie geben sich dann einer Idealisierungsarbeit hin, die bestrebt ist, den großen Mann in die Reihe ihrer infantilen Vorbilder einzutragen, etwa die kindliche Vorstellung des Vaters in ihm neu zu beleben.«[19] Zwar würden viele Biographen solche psychoanalytischen Anmaßungen von sich weisen; dass ihr Held sie bewegt, gestehen jedoch viele ein. Rüdiger Safranski, der Biograph des Frauenfeinds Schopenhauer und des Nationalsozialisten Heidegger, bekennt: »Mein Verhältnis zu den Protagonisten, über die ich schreibe, beginnt bei der Empathie und bewegt sich von dort aus auf der nach oben offenen Sympathie-Skala.«[20] »*Empathie* lautet das Zauberwort des Biographen«, meint ebenfalls der Kafka-Biograph Reiner Stach. »Auch gehört die Fähigkeit, sich gleichsam probeweise zu identifizieren, zu den unabdingbaren Voraussetzungen für jeden, der ein fremdes Leben erkundet.« Halt machen müsse der Biograph erst an der »Grenze zur unbeherrschten Identifikation.«[21]

Irgendetwas am Biographierten muss den Biographen reizen, sonst würde er nicht mehrere Jahre seines eigenen Lebens mit dem Studium eines anderen Lebens zubringen. Allerdings muss man den Affekt, der den Biographen bewegt, in sehr weitem Sinn verstehen. Ian Kershaw etwa »empfand starken moralischen Abscheu gegen Hitler, aber ich empfinde das nicht als Handicap, um über ihn und seine historische Wirkung zu schreiben.«[22] Denn Kershaws persönliche Motivation war der Wunsch eines leidenschaftlichen Demokraten, einen neuen Führerstaat verhindern zu helfen. Was hier »Affekt« genannt sein soll, umfasst Faszination und Bewunderung, Grausen und Verachtung gleichermaßen, geht jeder Biographie voraus und wandelt sich häufig während der Arbeit. Nie gerät der Biograph zufällig an seinen Helden, auch wenn marktgängige Geburts- und Todestage und die Bitten eines Verlags einen Einfluss auf den Zeitpunkt der Auseinandersetzung haben mögen. Es sind seine Interessen, Überzeugungen, Liebhabereien, Wünsche, Zweifel, es ist seine Geschichte, die ihn zur Auseinandersetzung mit einer verstorbenen Person anregen. *Jede Biographie*, so meine erste These, *basiert auf dem Verhältnis zwischen dem Biographen und seinem Helden, ja es bildet den eigentlichen Schreibanlass.*

Diese Bindung ist viel umfassender und überindividueller, als Freud andeutet: Herkunft, Generation, soziale Zugehörigkeit, Sprache, politische Einstellung, Religion bzw. Konfession, Hautfarbe, Ethnie oder Nationalität usw. zählen zu den Kräften, die den Biographen zum Biographierten ziehen. Ganz besonders stark wirkt das eigene Geschlecht, an dem ich die Konsequenz dieses Affekts beispielhaft durchdeklinieren möchte.

Bislang wäre es in diesem Essay unangebracht gewesen, die männliche Form zu benutzen und die Frauen stillschweigend mitzudenken. Frauen wurden in der Biographik bis vor kurzem nicht mitgedacht. »Schon ein oberflächlicher Blick auf Literaturgeschichten, Verlagsprogramme und auf exemplarische Beispiele macht Biographien kenntlich als Texte von Männern über Männer«,[23] stellte Anne-Kathrin Reulecke 1993 fest. In der Antike wurden nur Staatslenker, Kaiser oder Verschwörer biographisch porträtiert. Später erweiterte sich der Kreis biographiewürdiger Männer: Heilige im Mittelalter, Künstler in der Renaissance. »Die Geschichte der Welt ist nichts anderes als die Lebensgeschichte Großer Männer«,[24] resümierte Thomas Carlyle 1840, und Heinrich von Treitschke behauptete 1879 kurz und knapp: »Männer machen die Geschichte«.[25] In Zeiten drohender Frauenemanzipation vergewisserte sich das Patriarchat in dieser Form der Geschichtsschreibung seiner selbst. Auch die Neuen Biographen änderten nichts an der grundsätzlich patriarchalen Ausrichtung der Biographik. Auf Stefan Zweigs dreibändige Reihe *Die Baumeister der Welt (Balzac – Dickens – Dostojewski* 1920, *Hölderlin – Kleist – Nietzsche* 1925, *Casanova – Stendhal – Tolstoi* 1928) reagierte Ernst Ludwig mit *Genie und Charakter. 20 männliche Bildnisse* (1924). Die wenigen Frauen, an die schon im Mittelalter biographisch erinnert wurde, waren Heilige; im 19. Jahrhundert kamen Sängerinnen und Schauspielerinnen hinzu, die bei aller Verehrung der Ruch der Huren umwehte.

Dass die Biographik in ihrer Gesamtheit ein durch und durch patriarchales Genre ist, bildet nach Anne-Kathrin Reulecke nicht allein die historische Marginalisierung von Frauen ab, »vielmehr kann die Biographie – so meine These – als bedeutendes *Medium* dieses Ausschlusses gesehen werden.« Reulecke fragt sich, »inwieweit das Erstellen einer Biographie einem männlichen Schöpfungsakt besonderer Art entspricht, da doch der Entwurf einer ›lebendigen‹ Figur den im Text ausgeführten Vorgang einer geistigen Geburt potenziert. Der Biograph, der über seinen Gegenstand ›beinahe alles‹ weiß, läßt diesen im Text wiederauferstehen, indem er ihm – durch das Erschaffen einer Geschichte – Leben ›einflößt‹. Es ist unter diesem Gesichtspunkt auffallend, daß die Verfasser von Biographien in der Folgezeit nicht selten selber zu Gegenständen von Biographien werden. [...] Georg Forster schreibt über James Cook, Friedrich Schlegel über Georg Forster, Ernst Behler über Friedrich Schlegel und so fort. Die beinahe lückenlose Kette Schreibender und Beschriebener liest sich als Herstellung einer männlichen *Genealogie* und damit einer Traditionslinie, die sich ohne den Beitrag von Frauen reproduziert.«[26]

In den über 25 Jahren, die seit Reuleckes Essay vergangen sind, hat sich kaum etwas verändert. Martin Geck etwa hat Bach (2000), Robert Schumann (2010), Wagner (2012), Matthias Claudius (2014) biographiert, auch Mozart, die Bach-Söhne und Mendelssohn. Seine letzte Biographie überhöht den männlichen Helden gar zu Gott: *Beethoven. Der Schöpfer und sein Universum* (2017). Fängt außer mir angesichts eines solchen Untertitels niemand an zu kichern? Eine Frau hat Geck so wenig biographiert wie der zweite prominente lebende Biograph im deutschsprachigen Raum, Rüdiger Safranski, der neben Schopenhauer (1987) und Heidegger (1994) auch E. T. A. Hoffmann (1984) biographierte, Nietzsche (2000), Schiller (2004), Goethe & Schiller (2009) und Goethe (2013).

Während die tonangebenden Männer in der zeitgenössischen Biographik hierzulande dem männlichen Geniekult in die Verlängerung verhelfen und damit Anne-Kathrin Reuleckes These belegen, schreiben Frauen über Frauen.[27] Barbara Beuys etwa über Annette von Droste-Hülshoff (1999), Hildegard von Bingen (2001), Li Qingzhao (2004), Paula Modersohn-Becker (2007), Sophie Scholl (2010), Helene Schjerfbeck (2016), Maria Sibylla Merian (2016), Hildegard von Bingen (2017), Sophie Charlotte (2018). Daniela Strigl hat Marlen Haushofer (2012) und Marie von Ebner-Eschenbach (2016) biographiert. Im Leonardo-Jahr 2019 veröffentlichte Bernd Roeck *Leonardo. Der Mann, der alles wissen wollte,* Kia Vahland aber *Leonardo da Vinci und die Frauen.*

Lieben

Natürlich bin ich nach Weimar gefahren, weil ich selber Frauen liebe und hoffte, in den Briefen und Tagebüchern von Sibylle Mertens und Adele Schopenhauer mehr über meine eigene Geschichte zu erfahren. Wie sich diese Frauen im 19. Jahrhundert selbst erlebt haben, was die Umwelt zu sagen hatte. Was mich an Sibylle Mertens-Schaaffhausen (1797–1857) faszinierte, waren ihre Grenzüberschreitungen. Statt sich um ihren Mann und ihre sechs Kinder zu kümmern, provozierte sie als Gelehrte und Intellektuelle: Sibylle Mertens war die erste Altertumskundlerin Deutschlands und die wichtigste Sammlerin antiker Kunst ihrer Zeit. Ihre Salons in Bonn und Rom bevölkerten nicht nur Wissenschaftler und Sängerinnen, sondern auch liberal, ja demokratisch Gesinnte. Ihre langjährige Liebesbeziehung zu Adele Schopenhauer war nur einer ihrer vielen Tabubrüche. Sibylle Mertens' Kinder versuchten, ihre Mutter zu gängeln, indem sie ihr das Vermögen bestritten; Adeles Bruder Arthur griff die beiden Frauen publizistisch an. Sein Pamphlet »Ueber die Weiber« (1851) erniedrigt zwar alle Frauen, entstand aber im Zorn auf seine Schwester und während eines drohenden Rechtsstreits mit seiner ›Schwägerin‹ Sibylle Mertens.

Auch Adele stritt sich mit ihr; Sibylle hatte Affären mit der genuesischen Marchesa Laurina Spinola und der englischen Autorin Anna Jameson. Eine komplizierte Freundschaft verband Sibylle und Adele mit Annette von Droste-Hülshoff. Deren Werk strotzt von symbolischen Grenzen, Rändern, Türen, die sprachmächtig beschworen, aber höchstens imaginär überwunden oder durchschritten werden: Die Dichterin verbarg die Revolte gegen die Konvention bis zur Unkenntlichkeit tief im Text und befolgte persönlich brav die Regeln ihres Geschlechts und ihres Standes. Sibylle Mertens dagegen sublimierte keine Revolte in Texte, sondern setzte ihr Leben selbst ein und aufs Spiel. Noch bevor ich auch nur einen Satz geschrieben hatte, stand fest, dass mein Buch der Freundschaft zur Droste viele Seiten einräumen würde.

Dass Sibylle Mertens ein Ordnungssystem für römische Münzen begründet hat, erwähne ich dagegen nur kurz, aus Unkenntnis und Furcht, Blödsinn zu schreiben. Mut zur Lücke, erlernt von einem prominenten Kollegen. »Ich habe zugelassen, daß Thomas Manns Leben sich in meinem abbildet, daß seine Erfahrungen von den meinigen Farbe erhalten, wo ich ähnliche hatte, und dort unerzählt bleiben, wo ich keine hatte. Daher schreibe ich viel über Religion«, bekennt der Thomas-Mann-Biograph Hermann Kurzke, »und wenig über Richard Wagner«.[28]

These 2: Biographie als Autobiographie

Virginia Woolf kannte sich mit der männergebärenden Biographik bestens aus. Ihr Vater, Leslie Stephen, gab das monumentale *Dictionary of National Biography* (1855–1900) heraus, das die viktorianischen Helden des Empires in 63 Bänden versammelte. Woolf parodierte das patriarchale Schaffen ihres Vaters durch die Biographie eines Cockerspaniels, *Flush* (1933), und schuf mit *Orlando. A biography* (1928) das klügste Werk, das je über die Gattung Biographie geschrieben wurde. Orlando, zu Beginn ein englischer Adliger am Hof Elisabeths I., ist ein buchstäblich unsterblicher, aber schlechter Schriftsteller, der im 19. Jahrhundert das Geschlecht wechselt und noch auf der letzten Seite lebt, im Jahr der Publikation 1928. In diesen phantastischen Rahmen sind tausend authentische Details aus dem Leben von Virginia Woolfs großer Liebe Vita Sackville-West verwoben und eine Reflexion der Biographie als Gattung. Der entscheidende Kunstgriff des Textes gelang Woolf mit der zweiten Hauptfigur, dem Biographen, den sie in der Pose des Alleswissers losschwadronieren lässt. Angesichts von schwer

Erklärlichem muss er sich jedoch bald schon fragen, »welcher Natur war dann der Tod und war das Leben? Nachdem wir eine geschlagene halbe Stunde auf eine Antwort auf diese Fragen gewartet haben, aber vergeblich«,[29] wandelt sich seine anfängliche Überzeugung, objektiv die Wahrheit zu erzählen, allmählich in die bescheidene Ehrlichkeit eines sich seiner Grenzen bewussten Biographen. Da Orlando dennoch mit Fug und Recht als die ironisch gebrochene Biographie von Vita Sackville-West gelten kann, dekonstruiert Woolf die Gattung und begründet sie zugleich neu.

Gleich mehrfach verewigt sich die Autorin selbst im Text. Sie erscheint als der Dichter Nick Greene, der besser schreiben kann als Orlando, und als Orlandos zwischenzeitliche Flamme Henrietta, die ihn, wie im Leben, freilich nicht lange halten kann. Auch der scheiternde Biograph trägt Woolfs Züge, gelingt ihr doch ebenfalls keine eigentliche Biographie ihrer Freundin. Orlandos Biograph verzweifelt geradezu, wenn seine Heldin einfach nur dasitzt und denkt. So »bleibt unsereinem nichts anderes übrig, als den Kalender herunterzuleiern, den Rosenkranz zu beten, die Nase zu putzen, das Feuer zu schüren und aus dem Fenster zu schauen, bis sie fertig ist. Orlando saß so still, dass man eine Nadel hätte zu Boden fallen hören können. Wäre doch nur eine Nadel zu Boden gefallen!«[30] Da in ihren Romanen auch fast nichts geschieht, gelingt Woolf das einmalige Kunststück, neben dem Lebenswerk ihres Vaters auch noch ihr eigenes zu parodieren. Alles in allem zeichnet *Orlando* also sogar ein Doppelporträt von Vita Sackville-West und Virginia Woolf.

Dass sich Biographen in das zu biographierende Leben hineinschreiben, wurde oft beklagt. John Forster, dem ersten Berufsbiographen der Neuzeit, schlug man vor, sein *Life of Charles Dickens* (1872–74) in »Die Geschichte von Dickens' Beziehung zu Mr. Forster« umzubenennen, oder gleich ganz in »Das Leben von John Forster mit gelegentlichen Anekdoten über Charles Dickens.«[31] Heinrich Mann porträtierte sich selbst in *Zola* (1919), Stefan Zweig in *Triumph und Tragik des Erasmus von Rotterdam* (1934). Auch Max Brods *Franz Kafka. Eine Biographie* (1937) geriet zu einer »Quasi-Autobiographie Brods«, aus der man »mehr über Brods Befindlichkeiten und dessen Vorstellung von seiner Freundschaft zu Kafka erfährt als über Kafka selbst.«[32] John Eliot Gardiner veröffentlichte mit *Bach. Musik für die Himmelsburg* weniger ein *Portrait* (so der Untertitel der Originalausgabe 2013, dt. 2016) des Komponisten als von sich selbst. Auf 735 eng bedruckten Seiten beschreibt der Dirigent vor allem seine lebenslange Auseinandersetzung mit Bach, der ihn auf kuriose Gedanken bringt: Weil der Wald den Germanen heilig gewesen sei und Bach nahe des Thüringer Walds aufwuchs, geht Gardiner bis zum Heiligen Bonifatius und der Eiche zurück und wagt sogar einen kühnen Sprung zu Ureinwohnern des waldreichen Amazonasbeckens, um wild über ein etwaiges religiöses Verhältnis von Bach zum Wald zu spekulieren, zu dem es außer in Gardiners Phantasie keinerlei Anhaltspunkte gibt. Auch mit dem Kartoffelanbau in Thüringen beschäftigt sich Gardiner mit Genuss und zitiert ausführlich, wie viele Kartoffeln die Leute in Bachs Geburtsort Eisenach 1864 am Tag aßen (3 Kilogramm pro Person) – nur war Bach da schon 114 Jahre tot und hat, wie Gardiner selbst zugeben muss, vermutlich kaum Kartoffeln gegessen. Hätte Gardiner nicht vermeintlich über Bach, sondern offen über sich selbst geschrieben, wüssten wir wenigstens, ob seine Kartoffelobsession auf Lust oder Abneigung gründet.

Da sich alle Biographen nolens volens verraten, bekennen sich viele zu den autobiographischen Anteilen in ihren Werken. Johannes Kunisch gesteht im Vorwort von *Friedrich der Große* (2004), dass eine Biographie »in gleicher Weise den Autor wie den Betrachtungsgegenstand charakterisiert.«[33] Seine verschwurbelten Altherrenformulierungen, mit denen er Friedrichs Homosexualität verneint und über dessen unglückliche Ehefrau und sexuell ausgebeutete Dienerinnen hinweggeht, sprechen, wie seine immense Gelehrsamkeit, für sich. Selbst Sigrid Weigel spiegelt sich in ihrer Anti-Biographie in Ingeborg Bachmann, »deren Porträt als engagierte Intellektuelle die Konturen von Weigels eigener universitärer Intellektualität zeigt. Die Schriftstellerin wird uns als Leserin der von Weigel gelesenen Bücher vorgeführt und darf ihre Werke jeweils dann zu schreiben beginnen, wenn sie die nach Meinung Weigels dafür erforderlichen Bücher gelesen hat«,[34] beobachtet Hans Höller. Dieter Kühn hat aus der Subjektivität jedes Biographen eine ganz eigene Ästhetik entwickelt. *Ich Wolkenstein* (1977) gibt schon im Titel zu erkennen, von welchen beiden Persönlichkeiten diese Biographie des mittelalterlichen Dichters handelt. Kühns Buch *Frau Merian! Eine Lebensgeschichte* (2002) müsste eigentlich »meine Lebensgeschichte« heißen. Schon im Haupttext erzählt er mindestens so viel über sich und seine Recherchen wie über Maria Sibylla Merian. Dazwischen schaltet er auch noch ausführliche Werkstattberichte, in denen er »autobiographische Voraussetzungen beim Schreiben einer Biographie«[35] klärt.

Die Person des Biographen bestimmt also eine Biographie mindestens so sehr mit wie die biographierte. Wilhelm Dilthey erkannte 1910 in dieser Verflechtung nicht ein Problem, sondern eine Voraussetzung der Gattung: Indem die »Besinnung über den eigenen Lebensverlauf auf das Verständnis fremden Daseins übertragen wird, entsteht die Biographie«.[36] Autobiographie der Schreibenden und Biographie der Beschriebenen stehen in engster Wechselwirkung, ob heimlich, unfreiwillig oder bewusst. Als zweite These möchte ich festhalten: *Jede Biographie ist auch eine Autobiographie.*

These 3: Zwei Zeitebenen

Hannah Arendt legte mit *Rahel Varnhagen. Lebensgeschichte einer deutschen Jüdin aus der Romantik* (1959) eine Autobiographie in gleich zweierlei Hinsicht vor, inhaltlich wie formal. Die große deutsche jüdische Intellektuelle des 20. Jahrhunderts suchte bei der großen deutschen jüdischen Intellektuellen des 19. Jahrhunderts Antwort auf ihre eigene Frage: Warum ging der Holocaust ausgerechnet von Deutschland aus, wo die Juden so assimiliert waren wie nirgendwo sonst? (Antwort: Die Assimilation veränderte nicht die Mehrheitsgesellschaft; deren identitätsstiftender Antisemitismus blieb bestehen.) Formal versuchte Arendt, »Rahels Lebensgeschichte so nachzuerzählen, wie sie selbst sie hätte erzählen können.«[37] Arendt flicht zahllose lange Zitate aus Varnhagens Briefen ein, die sie in ähnlichem Tonfall assoziativ fortdenkt, ohne sich um eine kritische Einordnung zu bemühen. Arendt fügt sich also nicht schulterzuckend oder reflektiert ins unvermeidlich Autobiographische jeder biographischen Darstellung, sondern überschreitet bewusst die etwa von Reiner Stach genannte ›Grenze zur Identifikation‹.

Nur wer andere Arbeiten zu Rahel Varnhagen kennt, bemerkt wunderliche Lücken: Weil Arendt Varnhagens Freundin Rebecca Friedländer nicht leiden kann, blendet sie sie aus; weil sie über Pauline Wiesel kaum etwas wissen konnte – der mittlerweile edierte Briefwechsel lag noch in Krakau verborgen –, spielt sie eine unangemessen untergeordnete Rolle. Rahel Varnhagen hätte ihre »Autobiographie« von der Hand Hannah Arendts vermutlich mit Befremden gelesen – aber das gilt wohl für alle Biographierten, könnten sie ihre posthumen Biographien lesen.

Biographien gelten gemeinhin als Lebensbeschreibungen Verstorbener, die die Lesenden in eine vergangene Welt führen. »Denn dieses scheint die Hauptaufgabe der Biographie zu sein, den Menschen in seinen Zeitverhältnissen darzustellen«,[38] meinte Rahel Varnhagens Zeitgenosse und Idol Goethe, und auf den ersten Blick will man ihm nickend zustimmen. Hannah Arendts radikal autobiographischer Zugriff erlaubt ihr jedoch, die Zeitumstände, in denen Varnhagen lebte, vollständig auszublenden. Denn Autobiographinnen schreiben für ihre Zeitgenossen, denen sie nicht erläutern müssen, wie man 1815 als alleinstehende Frau von Berlin nach Paris reiste oder wie man unterwegs an Geld kam. Hannah Arendt war nicht die Einzige, die sich kein bisschen um die von Goethe eingeforderten »Zeitverhältnisse« scherte.

Die ›Mythographien‹ des George-Kreises leugneten geradezu das Vergangene an den verehrten toten Männern, die sie als überzeitliche Lichtgestalten präsentierten: *Goethe* (1916) von Friedrich Gundolf, *Nietzsche* (1918) von Ernst Bertram oder *Kaiser Friedrich der Zweite* (1927) von Ernst Kantorowicz halfen, den Führerkult des Nationalsozialismus vorzubereiten. Auch die Neuen Biographen schrieben geradezu ahistorische Biographien. Stefan Zweigs *Marie Antoinette. Bildnis eines mittleren Charakters* (1932) etwa lehrt mehr über die Psychoanalyse des frühen 20. Jahrhunderts als über die sozialhistorischen Missstände im Frankreich des späten 18. Jahrhunderts; laut Zweig brach die Französische Revolution aus, weil die sexuell unbefriedigte Königin sich mit exzentrischem Betragen habe entschädigen müssen. Alle psychoanalytisch operierenden Biographien gleichen sich in ihrem methodisch bedingten ahistorischen Zugriff. Dagegen steht in Rüdiger Safranskis Biographien über Schopenhauer oder Schiller der deutsche Idealismus in voller Blüte, und zwar vor allem in der rein idealistischen Darstellung. Sozialgeschichte? Alltagsgeschichte? Safranski beschränkt sich darauf, das Denken der Denker nachzudenken und so zu tun, als sei es nicht überholt, sondern für die Ewigkeit gedacht.

Wie die überaus unterschiedlichen Werke von Arendt, Kantorowicz, Zweig und Safranski zeigen, geht es in Biographien nicht unbedingt um die Vergangenheit. Schon Plutarch (um 45–120) verglich in seinen *Parallelbiographien* griechische und römische Helden, um seinem Publikum vorbildliche und abschreckende Beispiele aufzuzeigen. Auch die Heiligenlegenden des Mittelalters sollten zur Nachahmung anregen. Helmut Scheuer deckte 1979 in seiner Darstellung der deutschen Biographik seit dem 18. Jahrhundert die moralischen oder politischen Intentionen auf, die die Biographen hegten. Theodor Mommsen legte 1895 dem Historiker die »Pflicht politischer Pädagogik« auf; »er soll denen, für die er schreibt, ihre künftige Stellung zum Staat weisen«.[39] Von Ian Kershaws demokratischem Impetus war schon die Rede.

Geschichte wird grundsätzlich mit einem (politischen, ästhetischen, feministischen usw.) Gegenwartsinteresse erzählt; sie kann gar nicht anders. Höchst produktiv hat die Geschichtswissenschaft Jan Assmanns Konzept des kulturellen Gedächtnisses adaptiert, nach dem die inkommensurable Fülle faktischer Geschehnisse in ausgewählte erinnerte Geschichte transformiert wird. Johannes Kunisch schreibt im Vorwort zu seiner *Friedrich*-Biographie, »daß Vergangenheit nicht als solche und ein für alle Mal im Gedächtnis der Nachwelt bewahrt werden kann, sondern von der jeweiligen Gegenwart her nach Maßgabe aktueller

Sinnbedürfnisse, neuer Relevanzkriterien und sozialer Rahmenbedingungen ›rekonstruiert‹ wird. Es ist – wie schon Johann Gustav Droysen (1808–1884) in seinen posthum veröffentlichten Vorlesungen zur ›Historik‹ deutlich gemacht hat – eine Illusion zu glauben, daß es ein objektives und damit endgültiges Bild der Vergangenheit gibt. ›Jede Gegenwart hat das Bedürfnis, sich ihr Gewordensein, ihre Vergangenheit von neuem zu rekonstruieren‹«. Kunisch schreibt das so prägnant, dass ich lieber ihm das Wort überlasse. »Jede Erinnerung geht von der eigenen Gegenwart, der eigenen Lebenserfahrung und dem eigenen Bildungshintergrund aus und erfaßt das Bild der Vergangenheit dementsprechend neu. Sie ist zwar gebunden an ›unverrückbare Erinnerungsfiguren und Wissensbestände‹ (Jan Assmann). Aber jede Gegenwart muß sich dazu in aneignende, bewahrende und verändernde Beziehung setzen. Die Spuren der Vergangenheit sind nur im Bezugsrahmen und Kontext der eigenen Gegenwart zu erfassen und verändern sich deshalb in ihrer Wahrnehmung immer wieder von neuem.«[40]

Da sich in eine Biographie stets zwei Leben einschreiben, verwickeln sich auch zwei Zeiten und zwei unterschiedliche Gesellschaften in einer Biographie. Sigrid Damm gewinnt hieraus das ästhetische Prinzip von *Christiane und Goethe* (1998). Damm stellt die Zeitverhältnisse, wie von Goethe gefordert, ausführlich dar, nimmt die Leserin mit an den Ziehbrunnen und in die Vorratskammer und lässt sie Blicke in Ausgaben- und Kochbücher werfen; zugleich berichtet sie aber auch über ihr Schreiben. Das erzählende Ich sitzt auf vielen Seiten im Thüringischen Hauptstaatsarchiv und blättert in vergilbten Akten, die mit quälend langen Signaturen im Haupttext nachgewiesen werden. Statt ein geschlossenes Panorama der Vergangenheit zu malen, vollzieht Damm die Bewegungen ihrer »Recherche« nach, wie sie das Buch im Untertitel nennt. Die immanente Poetik ihrer Biographie betont damit die Suchbewegungen von heute aus, die Sonden, die die Biographin punktuell in die Vergangenheit versenkt. Implizit reflektiert sie damit die Unmöglichkeit, die historische Distanz je überbrücken zu können, bringt die zwei Zeitebenen aber dennoch in einen spannungsvollen Dialog.

Biographien unterscheiden sich also nicht nur darin, *wie* sie sich um die Vergangenheit bekümmern, sondern ob sie es überhaupt tun. Damm, Kunisch oder Stollberg-Rilinger bemühen sich, Goethes Forderung gerecht zu werden. Zweig, Arendt, Safranski oder die Mythographen denken gar nicht daran. Das heißt, die einzige zeitliche Ebene, die immer in einer Biographie vertreten ist, ist die der Biographin. Ihre Person, ihre Zeit, ihre Gesellschaft mit ihren Normen, Vorstellungen, Moden und Tabus bestimmen den Text. Meine dritte These zu einer Poetik der Biographie lautet: *Biographien spielen in der Zeit und Gesellschaft ihrer Entstehung, nicht in der Zeit des Biographierten.*

Leiden

Anne-Kathrin Reulecke nennt die Biographik »ein imaginäres Museum verkörperter sozialer und politischer Werte«, und zwar der des Biographen und des Publikums, für das er schreibe. Das gelte gleichermaßen für die feministische Biographik, die ihre »Heldinnen als Bestandteil einer [...] Geschichte der Frauenbewegung« darstelle, »die manchmal bis in die Steinzeit zurückgeht«. Frauenbiographien zeigten selten einen Menschen mit all seinen Schwächen, sondern dienten eher der »Klärung eines feministischen ›Tugendkatalogs‹«.[41]

Blattschuss. Auch ich suche in meinen Biographien solche Heldinnen, betone Taten, Werke, Eigenschaften, die der Frauenemanzipation zuarbeiteten. Bei Anne Lister (1791–1840) war das ihr freizügiges Sexualleben und die Offenheit, mit der sie in ihren Tagebüchern darüber schrieb. Charmant, intelligent und witzig, wie sie war, verführte, belog und betrog sie zahllose Liebhaberinnen. Fünfzehn Jahre lang hielten sich zwei Frauen gleichzeitig mit Anne Lister für ›verheiratet‹, am Ende heiratete sie eine Dritte, weil die mehr Geld hatte. Und das im präviktorianischen Zeitalter, in dem Frauen angeblich kein sexuelles Begehren kannten. Autonom über den eigenen Körper entscheiden zu können ist die Voraussetzung dafür, sich als handelndes Subjekt und nicht als gehorchendes Objekt wahrzunehmen. Die Selbstverständlichkeit, mit der Anne Lister von ihrer Lust schreibt, ist daher augenöffnend. Sie verändert unsere Vorstellung vom Frau-Sein nicht nur im Biedermeier. Wer es jetzt noch ungebrochen mit dem deutschen Idealismus hält, Schiller, Fichte oder Schopenhauer liest, ohne deren grundsätzlich patriarchale Denkstrukturen zu reflektieren, dem ist nicht zu helfen. Anne Lister entlarvt das Frauenbild, an dem wir uns noch heute abarbeiten, als das, was es immer schon war: Ideologie.

Gratis gibt es bei Anne Lister jede Menge hoch Problematisches dazu: Sie war ein aristokratischer Snob, von der Ungleichheit der Menschen überzeugt und von der Rechtmäßigkeit der ihr qua Geburt zugefallenen Privilegien. Sie unterdrückte die Gewerkschaftsbewegung, kündigte Pächtern, wenn sie nicht für die Tories stimmten, und sprach sich sogar *gegen* das Frauenwahlrecht aus. Mit dem gleichen Verhalten im Bett wie im öffentlichen Leben wäre sie als Mann von keinerlei historischem Interesse: nur ein weiterer sexbesessener Reaktionär. Während des Schreibens begann ich mich zu fragen, ob ich Anne Lister eigentlich leiden konnte.

Wie behandelt man als Biographin eine schwierige Heldin? Mit welchen Sehnsüchten nähere ich mich einer historischen Gestalt? Wie gehe ich im Schreiben mit den Enttäuschungen um, die eine nüchterne Bestandsaufnahme der Quellen bereitet? Anne Lister zeigte mir, wie gefangen ich selbst noch in der biedermeierlichen Ideologie bin, etwa in meiner romantischen Vorstellung, eine große Liebe sei doch für ein Frauenleben genug. Und Anne Lister festigte meine eigenen republikanischen und demokratischen Überzeugungen, mit denen ich über ihre politische Haltung schreibe. Ich bin mir daher ganz sicher: Umgekehrt hätte Anne Lister mich auch nicht leiden können.

These 4: Biographie als Korrespondenz

Würdigt man den Anteil, den die Biographin als Person ihrer Zeit in jeder Biographie einnimmt, gelangt man zu einem völlig neuen Verständnis des biographischen Schreibens. *Biographin und Biographierte bilden ein Produktionspaar, das einen phasenverschobenen Dialog führt, eine Korrespondenz* – dies meine vierte These. Der Biographierte lässt sich in diesem Bild als Absender verstehen. Von ihm gehen eine Fülle von Lebensäußerungen meist schriftlicher Natur aus. Herrscher, Fürsten, Politiker hinterlassen Staatspapiere, Urkunden, Verträge, Gesetze, diplomatische Noten, Kriegsberichte usw., die im Regelfall gut aufbewahrt wurden; das Archivwesen stammt ja von den Truhen her, in denen Dynastien ihre verbrieften Rechte aufbewahrten. Wissenschaftler, Schriftstellerinnen, Philosophen und Komponisten hinterlassen neben ihren Werken Briefe, Tagebücher, Zeugnisse, Ausgabenbücher, Kalender, manchmal sogar Memoiren oder eine Autobiographie. Richard Wagner schuf neben seinem musikalischen auch ein umfangreiches schriftstellerisches Werk und regte zudem Dritte an, etwa seine zweite Frau Cosima, seine Tage genau zu dokumentieren. Nicht nur sein operettenhaftes Leben, seine musikalischen Neuerungen und sein Antisemitismus haben ihn zu einer der am häufigsten biographierten Persönlichkeiten überhaupt werden lassen, sondern auch die Überfülle seines schriftlichen Nachlasses.

Zwar sind von Goethe in Weimar gleich zwei Häuser und von Schiller in Marbach überaus sehenswerte Strümpfe erhalten, aber die hauptsächlichen Quellen, die das Leben Verstorbener erschließen, sind bis ca. 1990 papierene Hinterlassenschaften (was Briefe für die Ewigkeit festhielten, gab das Telefon dem Vergessen anheim; das Leistungsvermögen digitaler Medien als Erinnerungsspeicher wird sich erst noch herausstellen). Alles, was der zu Biographierende zu Lebzeiten nicht vernichtet hat, lässt sich als Botschaft an die Nachwelt verstehen.

Nach dem Tod des Absenders schlüpft der Biograph in die Rolle des Adressaten, der all diese hinterlassenen Texte aufspürt, sammelt, ordnet, in eine Chronologie bringt; auch die intimsten Zeugnisse liest er ohne Scheu, ganz als wären sie einmal an ihn gerichtet worden. Viele erste Biographen einer historischen Person leisten eine Grundlagenarbeit, die für alle späteren Biographen unverzichtbar ist. Wie schon erwähnt lässt dieser erste Biograph zuweilen auch Quellen verschwinden; so wie ein wohlmeinender Freund zu Lebzeiten Zeugnisse über uneheliche Kinder oder Spielschulden verbrannt hätte. Mancher Biograph schummelt sich sogar in die Quellen hinein: In die Konversationshefte Beethovens, die Anton Schindler *nicht* vernichtete, trug er nachträglich Gespräche mit ihm selbst ein, um in seiner Biographie behaupten zu können, er sei ein enger Freund des Komponisten gewesen.

Wie wahrscheinlich kein Freund zu Lebzeiten beschäftigt sich der Biograph umfassend mit allen Freuden und Sorgen sämtlicher Lebensalter des Verstorbenen, versucht, mit ihm zu wachsen, dasselbe intellektuelle Niveau zu erreichen, auch Befremdendes zu verstehen. Das kann zu einer produktiven, aber auch höchst problematischen Nähe führen. Wolfgang Hildesheimer, der *Mozart* (1977) biographierte, meint, »daß der Biograph, je tiefer er in die Seele seines Helden zu dringen scheint, allmählich von dem Gefühl überkommen wird, von diesem Helden *erwählt* worden zu sein.«[42] Mozart hätte, diesem Gefühl nach, seine Werke und Briefe also tatsächlich an Hildesheimer gerichtet. Anno Mungen hingegen, der derzeit ein Buch über Wieland Wagner schreibt, erzählt mir, dass er sich dieser unweigerlich entstehenden Nähe sogar erwehren muss. »Der Biograf wird zum engsten Verbündeten und zum erbittertsten Feind seines Subjekts«, befindet Paula Backscheider, die die Schreibweisen preisgekrönter Biographen aus dem angelsächsischen Raum miteinander verglichen hat. Ein Biograph »ist ein Forscher, Entdecker, Kundschafter, Kompilator, Detektiv, Hypothesen-Entwickler, Untersuchungs-Bevollmächtigter, Rechercheur und Schreiber. Wenn man es wohlwollend betrachtet, kann man ihn als Begleiter, Dolmetscher, Analytiker, Anwalt, Literaturkritiker und Künstler sehen – aber auch als Manipulator, Propagandisten, Ausbeuter und Rivalen, der mit seinem biografischen Gegenstand um den Besitz der vollen Wahrheit rangelt.«[43]

Auf all die hinterlassenen Zeugnisse des Verstorbenen antwortet der Biograph, indem er eine Biographie schreibt, in der er wie ein Korrespondenzpartner auf alle ihm wichtig erscheinenden Aspekte eingeht, sie spiegelt, würdigt, kritisiert. Dabei bringt er sich wie ein konventioneller Briefpartner selbst stark ein (These 2, Biographie als Autobiographie). Peter Härtling bekennt auf der ersten Seite von *Hölderlin* (1976) programmatisch: »Ich bemühe mich auf Wirklichkeiten zu stoßen. Ich weiß, es sind eher meine als seine. Ich kann ihn nur finden, erfinden, indem ich mein Gedächtnis mit den überlieferten Erinnerungen verbünde. Ich übertrage vielfach Mitgeteiltes in einen Zusammenhang, den allein ich schaffe.«[44]

Zwar antwortet der Biograph auf die Mitteilungen des Verstorbenen; lesen kann den Austausch jedoch nicht der ursprüngliche Absender, sondern nur das spätere Publikum, weshalb der Vergleich zwischen Biographie und Korrespondenz nicht überdehnt werden soll. In summa schreiben Biographierter und Biograph eine Biographie gemeinsam: Autoren sind die *beiden* Personen, deren Namen auf dem Titel stehen.

Weben

In *Anne Lister. Eine erotische Biographie* versuche ich durch stilistische und typographische Mittel, den Korrespondenzcharakter zu betonen, das Autorenduo Lister/Steidele sichtbar zu machen: Anne Lister spricht kursiv, ich recte. Da ihre Tagebücher nie ins Deutsche übersetzt wurden, war Anne Lister hierzulande völlig unbekannt. Ich durfte also nichts voraussetzen und musste so viele ihrer überraschenden Bekenntnisse wie möglich in die Biographie einbauen. Jeden Liebesakt zitiere ich in ihren eigenen Worten und belege ihn in einer Endnote, anders hätte man mir nicht geglaubt. Anne Listers und meine eigene Rede sind eng im Text verwoben, ja ineinander verschlungen, womit das »Erotische« des Untertitels noch eine weitere Färbung erhält.

Die stilistische Methode der gemeinschaftlichen Rede hatte ich schon in *Geschichte einer Liebe. Adele Schopenhauer und Sibylle Mertens* entwickelt. Da ich in diesem Buch die Originalzitate in ihrem veralteten Deutsch und ihrer haarsträubenden Schreibung anführen konnte, wurden die zwei Zeitebenen auch sprachlich ständig sichtbar. In *Anne Lister* konnte ich dagegen nur meine heutige Übersetzung anbieten, die zwar Modernismen meidet, aber eben nicht historisch ist. Die englische Übersetzung von Katy Derbyshire, *Gentleman Jack*, ist insofern gelungener, als sie meine moderne Rede und Anne Listers zweihundert Jahre altes Englisch vereinigt.

Dass ich unsere Korrespondenz veröffentlicht habe, würde Anne Lister mir nie verzeihen. Vermutlich würde sie sagen: »Das hat Angela Steidele alles erfunden.« Sie hat aber nur zum Teil recht: Wir haben beide daran gestrickt.

These 5: Leben erfinden

Eine Biographie verschriftlicht bereits Verschriftlichtes neu. Die biographiefeindliche Kritik nahm an, der Biographierte hinterlasse authentische Zeugnisse, die der Biograph dann sträflicherweise durch seine Auswahl und die Art der Erzählung verfremde, ja sogar fiktionalisiere. Doch die Erfindung des Lebens findet schon auf der vermeintlich authentischen Primärebene statt. Die moderne Hirnforschung belässt keinen Zweifel daran, dass wir nicht sehen, was ist, sondern was unser Hirn aus Sinnesreizen macht. Im Versuch, uns und die Wirklichkeiten um uns herum zu begreifen, müssen wir sie wahrnehmend konstruieren. Nietzsche wusste das auch schon ohne Neurophysiologie; »nein, gerade Thatsachen giebt es nicht, nur Interpretationen. Wir können kein Factum ›an sich‹ feststellen: vielleicht ist es ein Unsinn, so etwas zu wollen. ›Es ist alles subjektiv‹ sagt ihr: aber schon das ist *Auslegung*, das ›Subjekt‹ ist nichts Gegebenes, sondern etwas Hinzu-Erdichtetes, Dahinter-Gestecktes.«[45] Ulrich Raulff erklärte Bourdieus vielzitierte antibiographische Kritik daher zu Recht für verfehlt. »Lauert die Illusion der Biographie wirklich in den Schreibstrategien des Biographen? Oder verbirgt sie sich in der sentimentalen, rousseauistischen Vorstellung von einem wilden, unliterarischen Leben, einem Leben vor der Schrift?«[46] Nicht der Biograph unterliege der biographischen Illusion, sondern das Individuum selbst: Es gebe kein naturhaft empirisches Leben, das dokumentarisch, objektiv aufzuzeichnen wäre. Jedes Ich hat längst die Kohärenz, die Logik, die Entwicklungslinien, den Mythos seiner Existenz konstruiert, bevor der Biograph die verstreuten Zettel im Nachlass ordnet.

Phyllis Rose meint in *Woman of letters: A life of Virginia Woolf* (1978): »Ein Leben ist ein fiktionales Werk und Erzählstrukturen unterworfen wie Romane und Gedichte«.[47] Und das gilt nicht nur für offensichtliche Fälle wie König Ludwig II. von Bayern, Madonna, Lady Gaga oder Karl Lagerfeld. Jede kann ihr Leben auf unterschiedlichste Weise erzählen (oder in den Sozialen Medien posten), auch ohne ausdrücklichen Willen zur Selbstinszenierung. »Was habe ich mit diesem Lügengespinst meiner erinnerten Ich-Legende zu tun?«, fragt sich Silvia Bovenschen in *Älter werden.* »Ich glaube eigentlich (?) nicht an diese Ich-Behauptungen, [...] und muß doch, wenn ich an mich und meine Alterungen zurückdenke, bis zu einem gewissen Grade an sie glauben, um überhaupt zurückdenken zu können. An die Kontinuität der Geschichte meines

Lebens, die doch wohl eher eine Kontinuität der Brüche war. [...] Noch vor zehn Jahren waren mir andere Erinnerungen bedeutsam – ich bin ganz sicher, kann mich aber nicht mehr an die damalige Auswahl meiner kleinen Ich-Geschichten erinnern. [...] Ich bin ein bündelndes rückkoppelndes Als-ob, das sich eine fragwürdige Erinnerungsgeschichte schafft, um dann aus ihr zu bestehen«.[48]

Die Erfindung des eigenen Lebens mag man als Gegebenheit oder Notwendigkeit hinnehmen oder auch als bewusstes Spiel genießen. Anne Lister etwa inszenierte sich Tag für Tag: Sie trug ausschließlich Schwarz, was für eine Frau ihrer Zeit höchst ungewöhnlich war und bewusst an einen Gentleman erinnern sollte. Ihren Liebhaberinnen gegenüber warf sie sich in die Pose des größten Frauenverführers der Epoche, Lord Byron; gern verschenkte sie seine Gedichte. In ihrem ausufernden Tagebuch erschrieb sie sich eine Wirklichkeit jenseits aller Wahrscheinlichkeit: Die notorische Frauenheldin, die buchstäblich jedem Rock hinterherrannte, erfand sich im täglichen Akt des Schreibens als romantisch Liebende, ewig Betrogene. »Wie hätte ich sie angebetet, hätte sie nur mehr von dem himmlischen Wesen gehabt, für das ich sie hielt. Kein Gedanke, kein Wort, kein Blick wären abgeschweift«, rechtfertigte sie ihre Untreue gegenüber Mariana Belcombe vor sich selbst. »Aber meine Gefühle werden in dieser Welt nie erwidert werden.«[49] Sie plante sogar einen Briefroman, in dem sie ihre Liebesaffären mit anderen Frauen heterosexualisieren und selbst unter dem Pseudonym »Constant Durer« auftreten wollte, also als »Ständig Leidender«.

Um das eigene Leben umzuschreiben, schrecken viele auch nicht vor Zensur zurück. Wo sind die Briefe Charlotte von Steins an Goethe? Auch der überaus rege Briefwechsel zwischen Anne Lister und Mariana Belcombe fehlt: Er war so heiß, dass er in Flammen aufgehen musste. Schon im Leben werden Spuren verwischt, dazu braucht es keine späteren Biographen. These 5: *Biographien werden schon im Leben erfunden*, oder schöner: *Jeder ist sein eigener Biograph.*

Wirklichkeiten

1839 brach Anne Lister zusammen mit ihrer letzten Lebensgefährtin Ann Walker zu einer überaus abenteuerlichen Reise auf. In der eigenen Kutsche, gezogen von Postpferden, reisten sie durch Norddeutschland, Dänemark und Schweden, überquerten per Schiff die Ostsee nach Finnland und erreichten Sankt Petersburg und Moskau, wo sie den Winter 1839/40 zubrachten. Im Pferdeschlitten fuhren sie auf der zugefrorenen Wolga 2 000 Kilometer nach Astrachan, von dort im Wagen durch die Steppe und über den Großen Kaukasus bis ins heutige Georgien und Aserbaidschan. Wochenlang erkundeten sie auf einer Pferdetrekkingtour die abgeschiedene Bergwelt, lebten unter einfachsten Bedingungen glücklich und gesund. Da verstummt mit einem Mal am 11. August 1840 Anne Listers Tagebuch. Sechs Wochen später starb sie an einem »Fieber«. Ann Walker reiste mit der Leiche denselben Weg zurück, über Moskau nach Halifax, wo sie ihre Frau in der Familiengruft bestattete.

Um diese letzte Reise Anne Listers in meiner Biographie angemessen würdigen zu können, reiste ich ihr hinterher. In ihren Fußstapfen ging es in Russland, Georgien und Aserbaidschan um keine Befindlichkeiten, keine zu entschlüsselnde Selbstinszenierung, sondern um biographische Hardcore-Facts: Wann war sie wo? Wie sieht es dort aus? Ist es im August dort wirklich unerträglich heiß, wie sie klagt? (Schon bei der Frage: Und wie hat es ihr dort gefallen?, heißt es aufpassen: Ihren neuen russischen Freundinnen in Moskau schilderte sie Georgien und insbesondere die herrschende Klasse anders als ihren alten Freundinnen in England.) Doch nicht einmal Landschaften, Berge und Flüsse gleichen sich noch. Die Wolga: kein Urstrom mehr wie noch 1840, sondern eine Kette von Stauseen, die nicht mehr jeden Winter zufrieren. Die Dariali-Schlucht im Großen Kaukasus, in ihrer kargen Schönheit vielfach, auch von Anne Lister, besungen: die Riesenbaustelle eines Staudamms. Die Sümpfe, in denen sie sich mit Malaria ansteckte: trockengelegt. In *Zeitreisen. Vier Frauen, zwei Jahrhunderte, ein Weg* (2018) denke ich über die Konsequenzen für die biographische Recherche nach, wenn nicht einmal scheinbar unveränderliche Gegebenheiten wie Berge, Flüsse und Klima noch sind, was sie zu Anne Listers Zeit waren. Spätestens bei den Reisen auf ihren Spuren lernte ich die Bescheidenheit, mit der jede nach Hause kommt, die sich im biographischen Handwerk die Hände schmutzig macht.

These 6: Erzählen und Erfinden

Johannes Kunisch bekennt im Vorwort seines *Friedrich der Große*: »Auch ein um ›Wahrheit‹ bemühter Autor kann bei aller quellenkritischen Professionalität keine Realität abbilden, sondern nur etwas erfinden, was sich der wirklichen Gestalt des Dargestellten annähert. Es ist die Vorstellung des Historikers, der Schattenriß einer auf Fakten, Texte und den konkreten Augenschein gestützten Imagination, die hier vermittelt werden kann. Das Leben als solches ist demnach keine Geschichte! Es wird dazu erst durch den Historiker.«[50] Auch seine akademische Schülerin Barbara Stollberg-Rilinger erhebt im Vorwort zu ihrer *Maria Theresia* »keinen Anspruch auf objektive Gültigkeit [...]. Es wäre allerdings naiv zu glauben, man könnte nun seinerseits einfach die richtige Geschichte erzählen.«[51] Und Johannes Fried beginnt seinen *Karl der Große* mit den programmatischen Worten: »Das folgende Buch ist kein Roman, dennoch eine Fiktion. Sie beschreibt das Bild, das sich der Autor von Karl dem Großen oder Charlemagne macht. Es ist subjektiv geformt und gefärbt, auch wenn es die Zeugnisse jener Zeit gebührend heranzieht. Die Tiefe eines Lebens vor 1 200 Jahren ist heute nicht mehr auszuloten. So bleibt nur die eigene Imagination.«[52]

Warum glaubt der leidenschaftliche Leser von Biographien, von dem ich eingangs erzählt habe, trotz solcher Bekenntnisse ›Wahres‹ zu lesen? Nach ihren so bescheidenen wie hochreflexiven Vorworten ändern Kunisch, Stollberg-Rilinger und Fried den sprachlichen Gestus ihrer Darstellung und suggerieren im Haupttext mit sprachlichen Mitteln genau die Wahrhaftigkeit, deren Eindeutigkeit sie im Vorwort bestritten haben. Die größte Rolle spielt dabei die Erzählung in der dritten Person: »Am 13. Mai 1717 gegen halb acht Uhr morgens wurde dem Kaiser Karl VI. und seiner Frau Elisabeth Christine in der Hofburg zu Wien eine Tochter geboren und noch am Abend desselben Tages auf den Namen Maria Theresia Walburga Amalia Christine getauft.«[53] Sie hat »den Vorteil, von allen Aussageweisen am besten den Eindruck reiner Referenz hervorrufen zu können«, schreibt der britische Erzählforscher Frank Kermode. Erzählungen in der dritten Person wirken besonders realistisch, ja vermitteln dem Leser das Gefühl, hier werde gar nicht erzählt, sondern einfach nur Wahres referiert, ein Geschehen habe in der Vergangenheit genau so stattgefunden. »Doch ist das freilich eine Illusion, die Wirkung eines rhetorischen Mittels.«[54]

Barbara Stollberg-Rilinger etwa nutzt die Taufe Maria Theresias in der Eingangssequenz dazu, die Geschichte und das Selbstverständnis des Hauses Habsburg, höfische Abläufe, die Bedeutung von Ritualen usw. in einem grandiosen Tableau zu entwickeln: eine überzeugende Erzählung, die ihren Erzählcharakter verbirgt.

Um dieser »Suggestion der Echtheit« zu entkommen, nimmt sich Stollberg-Rilinger in ihrem Vorwort zwar vor, »eine Lebensgeschichte [zu] erzählen und zugleich den Blick der aufmerksamen Leserinnen und Leser auf die Perspektivität und Konstruiertheit dieser Erzählung«[55] zu lenken. Tatsächlich zeigt die Biographin dann aber nur an ihren vielen Vorgängern auf, aus welchem Blickwinkel sie ihr jeweiliges Maria-Theresia-Bild gezeichnet haben – zu ihrer eigenen Position schweigt sie sich aus (wir können sie nur indirekt erschließen: nicht katholisch, nicht österreichisch, leicht feministisch, gewiss demokratisch). Ihrer eigenen Erzählung verschafft sie damit eine besondere, da scheinbar modern reflektierte Autorität, die rhetorisch jedoch mit dem gleichen Wahrheitsanspruch auftritt wie ein konventioneller Erzähler. »Die Sprache muss als das primäre Element in einer Biographie erkannt werden«, schreibt Ira Bruce Nadel in *Biography. Fiction, Fact and Form* (1984). »Sprache und Erzählweisen, nicht der Inhalt strukturieren eine Biographie.«

Der Biograph sei zwar »an die Fakten gebunden, erfindet aber seine Schreibweise und lenkt durch seine Sprache den Eindruck, die Vorstellung, den Begriff, den sich der Leser von dem Biographierten macht«.[56]

Der amerikanische Geschichtstheoretiker Hayden White untersuchte die Sprache geschichtswissenschaftlicher Texte und beobachtete, dass auch historische Ereignisse nie objektiv oder neutral dokumentiert werden könnten. Sprache und Schrift schalten sich mit ihren eigenen Gesetzmäßigkeiten zwischen die Fakten und ihre textuelle Wiedergabe. Auch ein Sachtext erzählt, indem er Fakten auswählt und in eine schlüssige Folge bringt, in sich logisch und konsistent (selbst wenn er inhaltlich von Widersprüchlichem handelt); er ist dramaturgisch aufgebaut, wechselt etwa zwischen detailreich beschriebenen Szenen und kursorischen Überblicken, und verwendet eine Fülle rhetorischer Stilmittel wie Metaphern, Reihungen, Fragen, uneigentliche Rede wie Ironie usw. White war bewusst, »daß diese Betonung des fiktionalen Elementes in allen historischen Erzählungen mit Sicherheit den Zorn derjenigen Historiker erregen wird, die der Meinung sind, daß sie etwas grundsätzlich anderes als der Romanautor tun, aufgrund der Tatsache, daß sie es mit den ›realen‹, während der Romanautor es mit ›vorgestellten‹ Ereignissen zu tun habe. Aber weder die Form noch die

Erklärungskraft der Erzählung leitet sich von den verschiedenen Inhalten her, die sie angeblich aufzunehmen fähig ist. Tatsache ist, daß Geschichte – die reale Welt, wie sie sich in der Zeit entwickelt – in der gleichen Weise sinnvoll gemacht wird, wie der Dichter oder der Romanautor dies versuchen [...]. Es spielt keine Rolle, ob die Welt als real oder lediglich vorgestellt verstanden wird; die Art der Sinnstiftung (making sense) ist die gleiche. So schmälert es auch keineswegs ihren Status als Erkenntnis, den wir der Geschichtsschreibung zuerkennen, wenn wir sagen, daß wir die reale Welt erklären, indem wir ihr jene formale Kohärenz verleihen, die wir normalerweise mit den Werken von Autoren der fiktionalen Erzählliteratur assoziieren.«[57]

Neu waren an Whites Arbeiten eigentlich nur die Details, mit welchen rhetorischen Mitteln (Tropen) genau welche Wirkungen in historischen Texten erzielt werden. Schon den preußischen Historikern war der literarische Charakter der Geschichtsschreibung und damit auch der Biographik bewusst gewesen. Leopold von Ranke meinte, »Wissenschaft ist sie: indem sie sammelt, findet, durchdringt; Kunst, indem sie das Gefundene, Erkannte wieder gestaltet, darstellt. Andere Wissenschaften begnügen sich, das Gefundene schlechthin als solches aufzuzeichnen: bei der Historie gehört das Vermögen der Wiederhervorbringung dazu.«[58] Ins selbe Horn stieß Johann Gustav Droysen, der glaubte, die Quellen »wären stumm ohne den Erzähler, der sie sprechen läßt. Objektiv ist nur das Gedankenlose«.[59] Wilhelm Dilthey verstand »die Biographie als die literarische Form des Verstehens von fremdem Leben.«[60] Und Theodor Mommsen, der den Geschichtsschreiber »vielleicht mehr zu den Künstlern als zu den Gelehrten«[61] zählte, erhielt 1902 für seine *Römische Geschichte* (3 Bde, 1854–56) den Literaturnobelpreis.

Barbara Stollberg-Rilinger hätte sich vermutlich vor ihren Kollegen geniert, wäre ihr 2017 für ihre *Maria Theresia* der Preis der Leipziger Buchmesse nicht in der Kategorie Sachbuch, sondern in der Kategorie Literatur zuerkannt worden. Trotz der Verarbeitung von Hayden Whites Erkenntnissen lebt im deutschsprachigen Raum die Vorstellung einer ›wissenschaftlichen‹ Biographik fort, die sich angeblich grundsätzlich von der ›romanhaften‹ oder ›populären‹ unterscheide. Ansgar Nünning etwa hält im *Handbuch Biographie* (2009) Biographien zwar auch für »Konstrukte«, aber nicht für »verbale Fiktionen«[62]: literarische Verfahren würden in Biographien also nichts hinzuerfinden. Christian Klein und Matías Martínez wenden sich gegen einen »pauschalen ›Panfiktionalismus‹«, der »eine angemessene Beschreibung der charakteristischen Leistungen von Wirklichkeitserzählungen« wie etwa Biographien verhindere. Vermutlich sprechen sie meinem Leser vom Signiertisch aus dem Herzen: »Anders als in den erfundenen Geschichten der Literatur bezieht man sich in diesen Erzählungen direkt auf unsere konkrete Wirklichkeit [...]. Fiktionale Rede stellt Sachverhalte als wirkliche dar, ohne jedoch eine Referenz dieser Darstellung auf *unsere* Wirklichkeit zu behaupten. [...] Dichter erzählen von etwas, das nicht ist, und so ist es sinnlos, sie des Irrtums, der Lüge oder Täuschung überführen zu wollen.«[63] Schon Hayden White entgegnete auf solche Einwände, die Erkenntnisleistung fiktionaler Texte würde sich »nur mindern, wenn wir der Meinung wären, daß die Literatur uns nichts über die Wirklichkeit lehrte, sondern Produkt einer Phantasie sei, die nicht von dieser Welt, sondern von einer anderen, nichtmenschlichen Welt wäre.«[64]

Ich möchte in der Erwiderung noch einen Schritt weiter gehen. Keine Kunst ist süchtiger nach Wirklichkeit als die Literatur. Sie besteht fast nur aus Wirklichkeitsrede: Sie handelt immer von Menschen mit ihren Körpern, Erfahrungen, Hoffnungen, Zweifeln, Ängsten, Spannungen und Konflikten; Städte, Landschaften, Gesellschaften und Zeiten, – quasi *alles*, was die Literatur beschreibt, entstammt der Wirklichkeit; die fiktiven Zutaten in jedem Epos, jedem Roman (und auch jeder Biographie) sind überaus gering: Jeder erfundene Handlungsablauf, jede fiktive Figur besteht aus lauter für die Leser wiedererkennbaren Wirklichkeiten. Phantastische, unwirkliche Elemente (etwa Science Fiction oder Magischer Realismus) wirken nur, weil sie in lauter Wirklichkeiten eingebettet werden. Abstraktes, Grenzerkundungen wie Kurt Schwitters' *Ursonate* oder Gertrude Steins *The making of Americans* sind in der Literatur immer Randerscheinungen geblieben. Verlassen Sprachkunstwerke das, was Leser als Referenz auf ihre Wirklichkeit akzeptieren, verlassen sie die Sphäre der Literatur und werden Vokalmusik oder als Collagen Bildende Kunst. Literatur ist deshalb so nah an der Wirklichkeit, weil ihr Medium die Sprache ist, derer wir uns auch im Leben bedienen. Literarische, non-fiktionale und Alltagsrede sind nicht grundsätzlich voneinander geschieden (Dichtung oder Wahrheit), sondern qualitativ und medial: Die literarische wie die biographische Sprache ist raffinierter als die Alltagssprache und wird schriftlich im Medium Buch festgehalten. These 6: *Biographien erzählen, d. h. fiktionalisieren. Es gibt keine ›wissenschaftlichen‹ Biographien in Abgrenzung von ›literarischen‹ oder ›populären‹.*

Dennoch produzieren Biographien keine Unwahrheiten. ›Die‹ Wahrheit ist zwar nicht festzustellen – Falsches, Kontrafaktisches lässt sich dennoch oft sehr leicht entlarven. »Die Befürchtung, mit dem Einräumen der Notwendigkeit von Fiktionen in historischen Darstellungen sei der Willkür Tür und Tor geöffnet und die Referentialität beerdigt, bestätigt sich nicht. Es gibt weiterhin ›falsche‹, das hieße nun: unplausible Darstellungen«,[65] stellt Sven Hanuschek unaufgeregt fest. Eine biographische Darstellung kann nie wahr oder wirklich sein, sondern nur mehr oder weniger nachvollziehbar. Ob eine Darstellung plausibel erscheint, ergibt der Vergleich zwischen den Quellen und ihrer Interpretation. Ermöglicht ein Text diesen Vergleich, trägt er die Bezeichnung »Biographie« zu Recht.

Quellen finden

Die wichtigste Quelle für meine Biographie über Catharina Linck alias Anastasius Rosenstengel war eine Gerichtsakte, zehn Schriftsätze von unterschiedlichen Schreibern, mal leichter, mal schwerer zu entziffern, auf 49 beidseitig beschriebenen Blättern, ungefähr im Format DIN A3. Catharina Linck wurde 1721 in Halberstadt enthauptet, weil sie in männlicher Verkleidung eine andere Frau geheiratet und sie mit einem »ledernen Instrument caressiret« hatte. Ihre Strafrechtsakte wird im Geheimen Staatsarchiv in Berlin aufbewahrt. (Das jedermann zugängliche Archiv führt diesen einschüchternden Namen, weil es die Akten des Geheimen Rats aufbewahrt, des obersten Beratergremiums der preußischen Könige.) Um Catharina Lincks Aussagen und den Wert dieser Quelle zu prüfen, versuchte ich, alle Fakten durch weitere Quellen zu belegen. In Halberstadt etwa fand ich im Kirchenbuch von St. Paul den Traueintrag der beiden Frauen vom 12. September 1717. Er wurde später am Rand von anderer Hand ergänzt: »NB. Dieser benahmte Kerl ist eine recht Gottloses Weibstück gewesen so viele himmelschreyende Sünden und Sodomitereyen begangen. Davor sich auch die Heyden entsetzen möchten. Ihre begangene boßhafftigen Sünden müßen unserer Jugend kein Aergerniß zugeben, gantz geheim unter suchet worden. Anno 1721 im October wurde sie auf öffendlichen Marckt decolliret, deßen Weib sitzt noch gefangen.«[66]

Der Strafrechtsakte entnahm ich, dass Catharina Linck zuvor schon einmal zum Tod verurteilt worden war; im Spanischen Erbfolgekrieg hatte sich der Musketier Rosenstengel von der Truppe abgesetzt. Warum wurde sie nicht schon damals hingerichtet, obwohl sie »schon im Creÿse gestanden gehenkt zu werden«? Monatelang wusste ich nicht, wie hier weiterrecherchieren. Da fand ich in einer alten Biographie über Friedrich Wilhelm I., die ich nur pflichtmäßig überflog, einen entscheidenden Hinweis: »Grumbkow berichtete mit pikanten Einzelheiten von einem Soldaten, der wegen Desertion gehängt werden sollte und der sich unterm Galgen als ein Mädchen entpuppt hätte, das aus dem Hallischen Waisenhaus entlaufen sei, weil man dort zuviel bete«.[67] Das musste meine Catharina Linck sein, die in den Francke'schen Stiftungen in Halle groß geworden war! Leider nannte Carl Hinrichs weder seine Quelle noch ein Datum, aber immerhin wusste ich jetzt, wo ich weitersuchen konnte.

Die Berichte, die der preußische General Friedrich Wilhelm von Grumbkow wöchentlich aus dem Feldlager in Brabant an den preußischen König schrieb, werden ebenfalls im Geheimen Staatsarchiv aufbewahrt. Eine kleine Weile, nachdem ich dort meinen Bestellzettel ausgefüllt hatte, kam ein Archivar lächelnd auf mich zu: »Wissen Sie eigentlich, was Sie da bestellt haben? Kommen Sie doch mal bitte mit.« Er führte mich in einen wohnzimmergroßen Raum, die Wände bis unter die hohen Decken mit Regalen bestückt, aus denen eng gedrängt Mappen mit vergilbtem Papier quollen. »Das sind alles die Berichte von Grumbkow aus dem Krieg.« Mir sank das Herz. »Sie sind nach Datum geordnet. Können Sie Ihre Suche nicht eingrenzen?« Mutlos kehrte ich zu meinem Arbeitsplatz zurück. Catharina Linck diente sieben Jahre bei verschiedenen Regimentern. Es war völlig undenkbar, jede dieser Mappen durchzulesen. Aufwand und Ertrag hätten in keinem Verhältnis gestanden. Ich beschloss, Roulette zu spielen und ein einziges Jahr durchzublättern. Aber welches? Ich brütete über der Zeittafel, die ich aus gesicherten Belegen erstellt hatte. Schließlich entschied ich mich für das Jahr 1708, vielleicht, weil ich gerade Jahre lieber mag als ungerade.

Als ich die erste Mappe aufschlug, die mir der Archivar brachte, starrte ich schreckstarr auf die Schrift: Französisch! Ich sank in mich zusammen. Ja, sicher, hat man so gelernt: Es brauchte noch gut fünfzig Jahre, bis Gottsched, Lessing, Herder und Goethe unsere Sprache geschmeidig genug gemacht hatten, um auch Kriegsberichte in ihr verfassen zu können. Seufzend fing ich an. Bald stellte ich zu meiner Überraschung fest, dass Grumbkows Berichte gar nicht so schwer zu lesen waren: Denn das Französische wurde damals schon in der lateinischen Schreibschrift geschrieben und sein Stil war schnörkellos. Eigentlich kam ich damit sogar besser zurecht als mit dem deutsch-lateinischen Mischmasch in der Kurrentschrift, in der Catharina Lincks Gerichtsakte verfasst war.

Krieg wurde damals nur in der schönen Jahreszeit geführt (anders hätten Pferde und Menschen nicht ernährt werden können), sodass ich die ersten Monate rasch hinter mich brachte. Nach kaum einer Stunde traf mich der nächste Schlag: »Il est arrivé un cas assés extraordinaire«, schrieb Grumbkow am 7. Juni und berichtete ausführlich von einer jungen Frau aus Halle, die als Mann bei den Truppen gedient hatte, desertiert und ergriffen worden war und sich buchstäblich erst unterm Galgen als Frau zu erkennen gab: Sie bat den Pfarrer um eine letzte Beichte. Statt sie hinzurichten, warf man sie ins Gefängnis, zog in Halle bei Francke Erkundigungen ein und schickte sie schließlich nach Hause. (Sie zog es allerdings vor, unter einem neuen falschen Namen bei einer anderen Truppe wieder anzuheuern.) Eine unglaubliche Geschichte, die viel über meine Heldin und ihre Nervenstärke erzählte. Und noch eine für meine Biographie besonders wichtige Information entnahm ich Grumbkows Mitteilung; er schrieb nämlich, Catharina Linck sei »fort bien faite«, war also groß und gut gebaut, und habe »un beau visage«.[68] Sie sah schlichtweg blendend aus – eine nur von Grumbkow überlieferte Tatsache, die nicht nur ihre vielen Abenteuer mit jungen Witwen zu erklären vermag, sondern auch manch staunenswerte Wendung in ihrem Leben: Die Trickserelen, mit denen sie sich durchschlug – etwa als weissagender Prophet –, mochten ihr gelingen, weil ihr die Herzen nur so zufielen.

Was, hätte ich mich für 1709 entschieden?

These 7: Biographie und Roman

Sind Biographien also »nur Romane mit Register«?[69] Tatsächlich eint beide Gattungen mehr, als mein Leser, der nur Biographien liest, vielleicht wahrhaben möchte. Roman wie Biographie nahmen beide ihre heutige Form an, als sich im 18. Jahrhundert das Interesse vom Typischen zum Individuellen verlagerte; schematische Darstellungen wichen realistisch gezeichneten Lebensläufen. Karl Philipp Moritz begann seinen *Anton Reiser* (1785–90) mit den Worten: »Dieser psychologische Roman könnte auch allenfalls eine Biographie genannt werden, weil die Beobachtungen größtenteils aus dem wirklichen Leben genommen sind.«[70] Jean Paul schrieb Romane mit Titeln wie *Die unsichtbare Loge. Eine Biographie* (1793) oder *Flegeljahre. Eine Biographie* (1804/05). Frühe Romantheorien unterschieden nur wenig zwischen Literatur und der biographisch orientierten Geschichtsschreibung. Joachim Heinrich Campe übersetzte in seinem *Wörterbuch zur Erklärung und Verdeutschung der unserer Sprache aufgedrungenen fremden Ausdrücke* (1801) »Roman« mit »Geschichtsdichtung«.[71]

Der Bildungs- oder Entwicklungsroman – etwa Goethes *Wilhelm Meisters Lehrjahre* (1795/96) – ähnelte der Biographie besonders stark. Beide Gattungen konzentrierten sich auf das erfolgreiche Werden eines männlichen Individuums, das sich mit seinen intellektuellen, psychischen und physischen Vermögen in der Umwelt, seiner Zeit und Gesellschaft zu bewähren hatte. Im Realismus näherten sich die stilistischen Darstellungsweisen von Roman und Biographie weiter an. Diskutierte man im 19. Jahrhundert, beide Gattungen wertschätzend, ob der Roman mehr der Biographie zu verdanken habe oder umgekehrt, wurden schließlich in der Moderne, wie oben schon erwähnt, Biographien als historische Romane abqualifiziert.

Feministischer Einschub: Frauengestalten konnten im Briefroman des 18. Jahrhunderts Hauptfiguren werden (Samuel Richardson: *Pamela* 1740 und *Clarissa* 1747, Jean-Jacques Rousseau: *Julie* 1761, Sophie von La Roche: *Geschichte des Fräuleins von Sternheim* 1771) und im Roman des Realismus (Flaubert: *Madame Bovary* 1856, Tolstoi: *Anna Karenina* 1877, Fontane: *Effi Briest* 1896). In all diesen Romanen besteht der handlungsantreibende Konflikt in der gefährdeten Tugend der Frau, d. h. in der für Männer und Frauen unterschiedlichen Sexualmoral. Ob eine Frau ihrem Verführer widerstand, galt jedoch nicht als Lebensleistung, die eine Biographie gerechtfertigt hätte. Frauen wurden in größerer Zahl daher erst biographiert, als sie gesellschaftlich nicht mehr auf ihr zu zähmendes Sexualleben reduziert wurden.

Was das Verhältnis der beiden Gattungen zueinander angeht, so sorgten im 20. Jahrhundert die Biographen kräftig für Verwirrung. *Wallenstein. Sein Leben erzählt von Golo Mann* (1971) strich den literarischen Charakter auf jeder Seite, ja schon im Untertitel heraus, und der Biograph selbst sprach von »dem wahren, blutigen Roman, der hier erzählt wird«.[72] Dabei befolgte Mann die Regeln historisch-wissenschaftlicher Darstellungen getreu, verarbeitete die gesamte Forschungsliteratur, wies alle Zitate in weit über 1000 Fußnoten nach, benötigte 110 Seiten allein für die wissenschaftlichen Anmerkungen und noch zusätzlich 18 Seiten für die Bibliographie. Außerdem erschloss er die Biographie durch ein ausführliches Register, machte sie also auch zum Querlesen für Wissenschaftlerinnen tauglich. Dagegen verzichtete der Lehrstuhlinhaber Christian Meier in seinem *Caesar* (1982) auf jeden Beleg und sogar eine Bibliographie: »Es hätte sich mit der Absicht des Buches nicht vertragen, jeweils die Quellen der Erkenntnis zu zitieren. Dann hätte ja nicht nur ein umfangreicher Apparat an Belegen zitiert, sondern auch eine vielfältige Auseinandersetzung mit Quellen und Literatur geführt werden müssen.« Warum nur gilt Meiers Werk als Auftakt zur Renaissance der Gattung »wissenschaftliche Biographie«,[73] Manns *Wallenstein* aber als Roman?

Auch wenn Roman und Biographie seit 250 Jahren miteinander flirten, unterscheiden sie sich doch erheblich. Die Biographie muss stets ein Leben von der Geburt bis zum Tod erzählen; ein Roman hingegen kann sich nur einen einzigen Tag aus einem Leben herausgreifen und ihn auf über tausend Seiten schildern (James Joyce, *Ulysses*). Er kann nur in der Gegenwart spielen oder sogar in der Zukunft, er kann verschiedene Sichtweisen gleichberechtigt zu Wort kommen lassen, er kann durchgehend »ich« sagen, ohne je »er« oder »sie« sagen zu müssen. Der Roman kann vier, sieben, zehn bedeutende Figuren in eine Handlung verwickeln; die Biographie kennt immer nur eine Hauptfigur, als Paarbiographie maximal zwei, alle weiteren Persönlichkeiten sind nur Beiwerk. Der Roman kann sich in Naturschilderungen ergehen oder fast ganz in Dialogen geschrieben sein – beides ist Biographien fremd. Dem Roman steht es sogar frei, seine Geschichte rückwärts zu erzählen oder vor- oder zurückzuspringen. Dagegen hat die Biographie einen starken Hang zur Chronologie. Es sei nun einmal nicht unerheblich, meint Daniela Strigl, was sich wann in einem Leben zugetragen habe. »Dem Diktat des Linearen entgeht man freilich auch im Boykott nicht. Und das Aufsprengen der klassischen Biographie hat in jedem Fall etwas Gesuchtes, gewollt Originelles.«[74] Wer etwa László F. Földényis *Heinrich von Kleist* (1999) zur Hand nimmt, sollte wenigstens eine Zeittafel und ein Werkverzeichnis danebenliegen haben, besser aber schon gut über Kleist Bescheid wissen, um sich *Im Netz der Wörter*, so der Untertitel, nicht zu verstricken.

Getarnt als Biographie spielt der Roman seine ganze Raffinesse aus. Um meine Thesen zu entwickeln, habe ich bislang zumeist auf genuine Biographien zurückgegriffen und weniger auf diese sogenannten »Meta-Biographien«, die mit gleichem Recht Biographien wie Romane genannt werden können. In Virginia Woolfs *Orlando*-große Fußstapfen trat etwa Julian Barnes, der in *Flauberts Papagei* (1984, dt. 1987) ebenfalls einen Biographen zur zweiten Hauptfigur macht. Dieselben Ereignisse in Gustave Flauberts Leben könnte er jedoch auf gleich drei Arten erzählen: als Erfolgsgeschichte, als Kette von Niederlagen oder, aus Flauberts Sicht, mit reinem Zynismus. Fragen zu ›Flaubert und Hunde‹ oder ›Flaubert und die Eisenbahn‹ parodieren biographische Recherchen und erzählen doch sehr viel über den französischen Autor. Obwohl Barnes die klassische Biographie verweigert, entsteht ein lebendiges und quellengesichertes Bild von Flaubert, das zugleich viel über biographisches Schreiben lehrt. In Marlene Streeruwitz' *Nachwelt* (1999) stellt eine Biographin ihre Recherchen ein, als sie erkennt, dass jeder ihrer Gesprächspartner sich seine eigene Anna Mahler entwirft und auch sie sich nur in ihr spiegelt – aber gerade im Scheitern ihrer geplanten Biographie entsteht ein plastisches Bild der als Künstlerin ebenfalls scheiternden Anna Mahler. Eine ähnliche Grundidee, noch um eine postmoderne Ecke weitergedacht, verfolgt Antonia S. Byatt in *Das Geheimnis des Biographen* (2000, dt. 2001): Der Wunsch ihres Protagonisten, zu den Dingen zu kommen, führt ihn nur zu Worten und Texten; sein Versuch, eine Biographie zu schreiben, scheitert, als er erkennt, dass die scheinbar authentischen Quellen manipuliert sind. Unversehens wird sein Buch zur Autobiographie, Byatts Buch in Gänze aber zu der Biographie, die im Roman scheitert: ein so scharfsinniger wie ironischer Roman übers Biographienschreiben.

Den klügsten Spaß im deutschsprachigen Raum erlaubte sich Wolfgang Hildesheimer mit *Marbot* (1981). Dem angeblichen Begründer einer psychoanalytischen Kunstästhetik Sir Andrew Marbot dichtete Hildesheimer Begegnungen mit Goethe und Platen an sowie eine Affäre mit Ottilie von Goethe und eine inzestuöse Beziehung zu seiner Mutter. Obwohl sich der Text als fiktionaler Schabernack schon auf der ersten Seite verrät (»›Ich mißtraue jeglicher Überlieferung, Exzellenz,‹ erwiderte Marbot, ›auch der wahrscheinlichen.‹«[75]), brauchte es ein Weilchen, bis Hildesheimers Coup erkannt wurde, so gelungen schilderte er einen Mann, den es doch hätte geben müssen. Denkt man noch an Dieter Kühn, Peter Härtling und Sigrid Damm, war die deutschsprachige Biographik im internationalen Vergleich immer auf der Höhe der Entwicklung und lotete das Spannungsverhältnis von Fiktion und Authentizität, von Kunst und Wissenschaft, von Wahrheitssuche und Rekonstruktion komplex aus. Warum nur reagieren viele ›wissenschaftliche‹ Biographen so allergisch auf den Vergleich mit Romanautoren? Es waren ausgerechnet die verfemten Roman-Biographien, die für die Theoretisierung der Gattung im 20. Jahrhundert mehr geleistet haben als die gesamte literaturwissenschaftliche Forschung bis heute.

Im 21. Jahrhundert scheint sich das Verhältnis umzukehren, und die Romane lernen wieder mehr von den Biographien; einige Strömungen in der Erzählkunst der Gegenwart lassen die Biographik fast als die Avantgarde erscheinen, der der Roman nacheifert. Historische Recherche und der Reiz, mit Quellen zu erzählen, bestimmen die Belletristik. Der Trend geht zur Dokumentarprosa bzw. -fiktion: Swetlana Alexijewitsch (*Zinkjungen.*

Afghanistan und die Folgen 1992, *Tschernobyl. Eine Chronik der Zukunft* 1997), Emmanuel Carrère (*Ein russischer Roman* 2007, *Limonow* 2011), Natascha Wodin (*Sie kam aus Mariupol* 2017), Barbara Honigmann (*Chronik meiner Straße* 2015, *Georg* 2019). Die der Biographik inhärente Autobiographik findet seine Entsprechung in einer Welle autofiktionaler Texte, die sich als Romane ausgeben oder vom Buchhandel und der Kritik so klassifiziert werden. Beispielhaft seien nur Jeanette Winterson, Karl Ove Knausgård oder Annie Ernaux genannt, Felicitas Hoppe, Édouard Louis, Sheila Heti, Chris Kraus oder das Thomas-Quartett Glavinic, Meinecke, Melle und Espedal.

Zeugen diese Tendenzen in der Literatur von einer Krise des Fiktionalen? Einem Misstrauen gegenüber der Kunst? Oder handelt es sich nicht eher um besonders raffinierte Authentizitätspostulate, um überaus kunstvolle Posen des Echten, narrende Triumphe fiktionaler Erzählkunst? Die Literatur bewahrt hier ihr Geheimnis, denn sie gibt die Geschehnisse, auf denen sie beruht, nicht preis. Mehr als Voraus- denn als Rückschau lautet demnach meine These 7: *Roman und Biographie unterscheidet der Umgang mit den Quellen im Text.*

Quellen erfinden

Nachdem ich meine Recherchen im Goethe- und Schiller-Archiv in Weimar abgeschlossen hatte, arbeitete ich für meine Doppelbiographie über Adele Schopenhauer und Sibylle Mertens im Historischen Archiv der Stadt Köln. Zwei Jahre lang ging ich immer am langen Mittwoch in den Hochbunker, in dem das bedeutendste städtische Archiv nördlich der Alpen konservatorisch vorbildlich untergebracht war. Ich las dort u. a. den Teilnachlass des Schriftstellers Heinrich Hubert Houben (1875–1935), der 23 Jahre lang so fleißig wie vergeblich an einer Biographie über Sibylle Mertens-Schaaffhausen gearbeitet hatte. Als er starb, waren seine Brief- und Tagebuchabschriften auf rund 5 000 Blatt angeschwollen, die hier im Archiv in drei großen Kästen aufbewahrt wurden. Houbens Abschriften ersetzten Briefe und Tagebücher, die im Zweiten Weltkrieg verbrannt waren, als Bomben das Godesberger Haus von Sibylle Mertens' Urenkelin Thea von Wittgenstein trafen. Im Vergleich zu der mühseligen Entzifferung der Handschriften in Weimar war das hier ein Kinderspiel: Houben hatte mit Schreibmaschine geschrieben. Der Mediävist neben mir bekam aufregendere Archivalien: An fahrbaren

Galgen hingen, aufgereiht wie gebügelte Hemden, herrliche handschriftliche Urkunden, in transparenten Kunststoff verpackt; leise baumelten die schweren roten Siegel am Ende der Pergamente.

In solchen Archiven herrscht eine heilige Stille. Einmal entfuhr mir jedoch unwillkürlich ein Schrei. Ich las Briefe von Laurina Spinola, mit der Sibylle Mertens ein Jahr in Genua verbracht hatte. Laurina wünschte sich nach Sibylles Abreise erst ihr Porträt, dann den Duft ihres Körpers: »Sei so gut, gib Fremden, die zu uns kommen, etwas mit, das du diesen Herbst viel getragen hast.« Das Kölnischwasser und die Haarlocke, die Sibylle ihr daraufhin schickte, waren Laurina nicht genug. »Du musst mir unbedingt ein paar Unterhemden schicken wie diejenigen, die du mir schon gegeben hast, und zwar solche, die du viel getragen hast. – Sieh mir diese Torheit nach, Sachen von dir haben zu wollen, aber ich liebe dich so sehr.«[76] Ich platzte, als ich das gelesen hatte. Da wünscht sich eine Frau von einer anderen getragene Wäsche, um ihr Gesicht im Duft der Geliebten vergraben zu können! Ich hätte gern meinem Nachbarn davon erzählt. Aber der fand seine Minuskel spannender.

Im Februar 2009 hatte ich alles gelesen, exzerpiert und in Teilen abgetippt und ging zum Schreiben über. Ins Archiv wollte ich erst wieder mit dem fertigen Manuskript zurückkehren, um nur noch diejenigen Zitate Korrektur zu lesen, die ich tatsächlich veröffentlichen würde. Der 3. März 2009 war ein wunderschöner Vorfrühlingstag. Am Nachmittag arbeitete ich im Garten. Als ich am Abend ins Haus zurückkehrte, quoll der Anrufbeantworter über. »Angela? Wo steckst du? Wenn du dies hörst, ruf sofort zurück, ja?« »Angela? Alles klar? Melde dich doch mal.« »Angela, kannst du nicht mal anrufen?« Irgendetwas war passiert. Ich schaltete Radio und Fernseher gleichzeitig ein, und da kamen auch gleich die Meldungen: Das Historische Archiv der Stadt Köln eingestürzt. Zwei Tote! Mir wurden die Knie weich. Die Mitarbeiter! Die Dokumente! Mein Bestand! Ich kam in den nächsten Tagen vom Fernseher und vom Telefon nicht mehr los. Überlegte zwanghaft, wie ich reagiert hätte, als der Arbeiter in den Lesesaal gestürmt kam und brüllte: »Alle raus!« Ich hatte damals mein Laptop immer mit einem Seilschloss an den Tisch angekettet, um entspannt mal kurz vor die Tür gehen zu können. Hätte ich alles aufgegeben oder hätte ich noch Sekunden zu lang an dem Zahlenschloss herumgefummelt, in Sorge um meine ganze Arbeit?

Nach und nach verwandelte sich der erste Schock in ein anhaltendes Entsetzen: Das mit der getragenen Wäsche glaubt dir jetzt kein Mensch mehr! Der zu erwartenden Skepsis von Seiten der Kritik würde ich keinen Beleg entgegenhalten können. Ich hätte ja wer weiß was erfinden und behaupten können, das im Kölner Archiv ›entdeckt‹ zu haben, bevor alles in dieses gigantische Loch gestürzt ist.

So kam es dann auch, aber nicht in der Doppelbiographie. Deren Aussagen waren ja noch von den

Quellen in Weimar belegt. Aber das *Manuskript aus dem Umfeld Ludwigs II.*, so der Untertitel meines Romans *Rosenstengel*, ließ ich mit dem Kölner Stadtarchiv untergehen. So behauptet es zumindest die »Herausgeberin« in ihrem Vorwort. Der Roman versammelt Briefe historisch verbürgter Persönlichkeiten, die in ihren eigenen Worten schreiben, aber auch in denen ihrer Ehefrauen oder Lieblingsgegner, untrennbar vermischt mit meiner eigenen Rede. Die Frage, was erfunden ist, was wahr, wird ad absurdum geführt: Leben ist auch nur Kunst.

Wesentliches

Den Herrn, der nur Biographien liest, fuchst ja genau das am Roman: Auch er ist prall gefüllt mit den wahrscheinlichsten Wirklichkeiten. In vielen Fällen beruhen auch Romane auf schriftlichen Zeugnissen, also auf all den Urkunden, Briefen, Tagebüchern usw. einer historischen Persönlichkeit, die ein späterer Biograph als Korrespondenzangebot liest. Der Roman lässt aber das Wenige unklar, das tatsächlich erfunden ist. Darin besteht sein eigentlicher Unterschied zur Biographie: Um als solche erkennbar zu sein, muss die Biographie die Ursprünge ihrer Erzählung kenntlich machen. Sie muss offenlegen, aus welchen historischen Quellen sie schöpft, muss ihre Behauptungen durch Belege nachprüfbar machen. Als Minimalanforderung sind die Fundstellen von Zitaten in den Anmerkungen aufzuführen. Eine Bibliographie hilft nicht nur Leserinnen, die es genauer wissen wollen, sie verortet die Biographie auch in einem größeren intellektuellen Zusammenhang. Spezialfragen beantwortet ein Register; dass Biographien auch nur ausschnittweise oder unter einem besonderen Aspekt gelesen werden können, unterscheidet sich ebenfalls vom Roman. Fehlen all diese Mittel zur Transparenz, begibt sich eine Biographie ihres Alleinstellungsmerkmals, das sie vor der Verwechslung mit dem Roman bewahrt. In leichter Abwandlung einer These von Helmut Scheuer lassen sich Biographien als Erzählungen beschreiben, deren »Interessengebundenheit Objektivierbarkeit nicht ausschließt, wenn die Wahl des Bezugsrahmens für die Urteilsfindung erkennbar, die Aussagen selbst und die Bedingungen, unter denen sie entstanden sind, überprüfbar und nachvollziehbar sind.«[77]

Der vielleicht größte Vorzug, den die Biographie vor dem Roman als Gattung hat, ist die Möglichkeit, dasselbe Ausgangsmaterial immer wieder neu zu befragen. Zum Stichjahr 1984 zählte Ira Bruce Nadel 225 Biographien über Samuel Johnson, 57 über Charles Dickens und 71 über James Joyce. Wie viele Biographien über Cäsar, Napoleon und Richard Wagner weltweit geschrieben wurden, ist nicht einmal zu überschlagen. Dass neue Biographien notwendig werden, weil neues Material auftaucht, geschieht selten und nicht mehr bei Persönlichkeiten, die schon lange tot sind. Nicht die Quellen verändern sich, sondern die Gesellschaft und das Publikum und damit die Fragen, die an die Geschichte gestellt werden. »Als Gattung rüttelt die Biographie ständig an der Vergangenheit und hält sie lebendig, indem sie einzelne Leben immer wieder neu oder anders interpretiert«, beobachtet Nadel. »Ideologische, psychologische oder ästhetische Konzeptionen wandeln sich und bestimmen die Erzählweise, die sich mit jeder ›Lesart‹ eines Lebens durch den Biographen ändert.«[78] Denn Biographen sind Kinder ihrer Zeit und befragen die alten Quellen mit den Augen ihrer Generation. Finden sie schon frühere Biographien über ihre Heldin vor, erweitern sie die ursprüngliche Korrespondenz zwischen der Heldin und ihrem ersten Biographen und antworten nicht nur den Quellen, sondern auch ihren Vorgängern. Über Jahrzehnte und Jahrhunderte entsteht so ein ganzes Korrespondentennetz, in dem Botschaften wieder und wieder auf ihren jetzigen Aussagewert hin überprüft werden. Musikalisch betrachtet wäre die Biographie ein Thema mit Variationen: Das Thema sind die Quellen, die Variationen die einzelnen Biographien.

Mit ihrer überaus dynamischen Vergegenwärtigung der Vergangenheit beweist die Biographie auch eine bedeutende konzeptuelle Selbsterneuerungskraft. Stets war und ist die Biographik offen für neue Theorien: In ihrer langen Geschichte verstand sie sich schon aufs Herrscherlob wie auf die Psychoanalyse, auf die Sozialgeschichte wie auf feministische Fragestellungen, auf positivistische Quellendokumentation und auf romanhaftes Erzählen, auf politische Analyse und mythisches Raunen. Auch, was überhaupt als Quelle zu gelten hat, ändert sich: Erst Sigrid Damm brachte die lange bekannten Ausgabenbücher der Goethes zum Sprechen. Doch gerade ihr ausgeprägter Gegenwartsbezug lässt Biographien schnell veralten, wie Virginia Woolf schon 1939 feststellte.[79] »Moderne Biografen sind sich der provisorischen und vorläufigen Natur der Portraits, die sie konstruieren, nur allzu bewusst«,[80] meint Antonia S. Byatt heute. Biographien sind in der Summe daher Textformen, die selbst gewinnbringend als historisches Material befragt werden können. Die Thomas-Mann-Biographik etwa lehrt viel darüber, was man wann im Verlauf des 20. Jahrhunderts öffentlich über Homosexualität schreiben konnte. Romane lassen sich wesentlich unwilliger auf den historischen Gehalt ihrer Aussagen untersuchen, weil sie bei aller großen Wirklichkeitsnähe doch auch satirisch überzeichnen, ironisieren, parodieren oder provozieren; die Biographik ist im Vergleich das pathetischere Genre, das die uneigentliche Rede meidet.

Warum aber verträgt jede Generation nicht nur *eine* Thomas-Mann-Biographie, sondern mehrere? Wie kann der Biographie von Klaus Harpprecht (1995) so bald die von Hermann Kurzke (1999) nachfolgen? Warum halten runde Geburts- oder Todesjahre stets mehrere konkurrierende Biographien aus? Zum Reformationsjubiläum 2017 erschienen allein in Deutschland mindestens fünf neue oder wesentlich überarbeitete Biographien Luthers. »Verschiedene Versionen eines Lebens entstehen nicht durch unterschiedliche Quellen, sondern durch unterschiedliche Ansichten, welche Art der Erzählung diesen Quellen angemessen ist. Nicht die Fakten ändern sich, sondern die Gestaltung«, beobachtet Ira Bruce Nadel. »Ein Leben lässt sich auf unzählige Weisen erzählen«,[81] und zwar nicht nur über einen längeren historischen Zeitraum, sondern innerhalb ein und derselben Generation. Die Leser von Peter Ackroyd interessieren sich zwar für *Dickens* (1990) oder *Shakespeare* (2005, dt. 2006); aber sie interessiert vor allem, was Ackroyd ihnen zu sagen hat – und wie er es tut. Die Millionenvorschüsse erhält Ackroyd allein für seine biographische Erzählkunst, nicht für Neues zu Altbekannten. Die erzählerische Aufbereitung ist so grundsätzlich wie die historische Information, beide sind nicht zu trennen, ihr Zusammenspiel konstituiert die Biographie. *Wer* eine Biographie schreibt beeinflusst das Ergebnis mindestens genauso wie derjenige, dem die Biographie gilt (Thesen 2-4). Wie oben angemerkt: Es geht um die *beiden* Namen auf dem Buchdeckel.

Denn Biographien wollen nicht zeigen, »wie ein anderer Mensch, ein außergewöhnlicher gar, in seinem Innersten beschaffen ist«,[82] wie Detlef

Felken meint, der eingangs erwähnte Cheflektor des C. H. Beck-Verlags. Auch wenn sich der Biograph während der Recherche bemüht, dem Biographierten so nah wie möglich zu kommen, handelt jede Biographie als Ganzes von dem sprachlich gestalteten Versuch, einen anderen zu verstehen. Es geht nicht um diesen anderen, es geht um den Verstehensprozess. In Ira Bruce Nadels Worten: »Wie der Biograph ein Leben darstellt ist der eigentliche Gegenstand einer Biographie.«[83] Die schriftliche Präsentation einer Annäherung ist das Wesen einer Biographie, nicht die ›echte‹ Darstellung eines anderen Menschen.

Auch deshalb kommt es so sehr darauf an, die Quellen im Text aufzuführen. Anders als der Roman, der zum identifikatorischen Lesen verführt, kann eine quellentransparente Biographie zu kritischem Lesen einladen. Schon Virginia Woolf betonte den aktiven Charakter biographischer Lektüren: Biograph und Leser »müssen zusammen austüfteln, was sich bei einer bestimmten Gelegenheit tatsächlich ereignet hat.«[84] Indem Biographien ihre Erzählung transparent aus den Quellen herleiten, wird für den Leser auch eine andere Lesart denkbar. Biographien verlangen strukturell geradezu nach kritischen Lesern.[85]

Im programmatischen Vorwort seiner großen Kafka-Biographie fragt sich Reiner Stach, »ob man die Biographie nicht als eigenständige literarische

Kunstform endlich nobilitieren solle.«[86] Virginia Woolf scheint die Antwort zwar im Titel ihres Aufsatzes »Die Kunst der Biographie« (1939) vorgegriffen zu haben, kommt dann aber zu dem Schluss, »daß die Kunst der Biographie unter allen Künsten die eingeschränkteste ist. [...] Der Romancier ist frei; der Biograph ist gebunden.« Weshalb sie ihn dann doch einen »Handwerker« nennt und die Biographie »kein Kunstwerk, sondern etwas dazwischen, ein Mischwesen«[87] (»something betwixt and between«). Souverän sitzt die Biographie zwischen allen Stühlen: zwischen der Vergangenheit und der Gegenwart, zwischen der Wissenschaft und der Kunst, zwischen dem Leben des Biographierten und dem der Biographin.

In ihrer Doppelnatur verkörpert die Gattung eine alte, verschüttete, aber nicht überholte Sicht auf die Welt. Sie ist der Inbegriff von Horaz' »prodesse et delectare«: Sie soll nützen – das ist ihre Vermittlung historischer bzw. biographischer Kenntnisse und ihre implizite Aufforderung zu kritischer Lektüre –, und zugleich soll sie erfreuen: Damit ist der ästhetische und intellektuelle Genuss gemeint, den Biographien als Werke der Literatur schenken können. Der letzte Universalist, Goethe, meinte, »so müssen wir uns die Wissenschaft notwendig als Kunst denken, wenn wir von ihr irgendeine Art von Ganzheit erwarten.«[88] Im Leonardo-Jahr 2019 feiert die Gegenwart ihre Vorstellung von einem anderen Universalisten, der als Maler Wissenschaft, als Ingenieur Kunst betrieben habe. Unsere Sehnsucht nach dieser verlorenen Ganzheitlichkeit, d. h. nach ästhetischer Erkenntnis, drückt sich auch im anhaltenden Erfolg der Gattung Biographie aus: Biographien lehren, die unglückliche Spaltung in unserem Denken – etwa die zwischen Sachbuch und Belletristik – zu überwinden. Die Kunst gegen die Wissenschaft auszuspielen führt ebenso in die Irre wie die paulinische Trennung von Körper und Geist. Jede Erkenntnis ist im wahrsten Sinne des Wortes ästhetisch (griechisch »aisthesis«, Wahrnehmung), d. h. sie wird sinnlich vermittelt und empfangen. Wissenschaft und Kunst ringen beide um Erkenntnis, mit nur zum Teil unterschiedlichen, nie gegensätzlichen Mitteln. Erkenntnis aber führt nicht zu absoluter Wahrheit, sondern zu neuen Einsichten, die die früheren herausfordern, erschüttern oder gar ablösen. Dieses Wissen von der ästhetischen, nachzuvollziehenden und von Zeit zu Zeit zu überholenden Erkenntnis verkörpert die Biographie als Gattung seit jeher in ihrer gelassenen Pragmatik.

Der Herr wendet sich dankend zum Gehen.

»Warten Sie!«

»Ja bitte?«

»Ich meine, Sie unterschätzen Romane und überschätzen Biographien. *Biographien entstehen durch das Verhältnis vom Biographen zum Biographierten, die als Korrespondenzpartner einen phasenverschobenen Dialog führen. Der Biograph erzählt von dem fiktionalisierenden Selbstentwurf des Biographierten und von sich selbst, weshalb Biographien immer mehr in der Gegenwart spielen als in der Vergangenheit. Weil der Biograph aber transparent anhand von Quellen erzählt, lädt er den Leser ein, seinen Entwurf zu prüfen. Letzteres schätzen Sie so sehr und macht Sie glauben, alles in Biographien sei wahr. Bis zur nächsten Biographie. Aber das ist ja das Schöne.*«

Der Mann starrt mich entsetzt an.

»Ist das Ihr Ernst? Steht das da drin?«, fragt er und hebt zögerlich sein Exemplar von *Anne Lister.*

»Nicht direkt.«

»Dann ist ja gut.«

Dank

Seit 2007 diskutiere ich meine Thesen zu einer Poetik der Biographie. Allen Gesprächspartnerinnen möchte ich danken: den Studierenden, die an meinen Seminaren zu biographischem Schreiben an den Universitäten Hildesheim und Köln teilgenommen haben, den Kollegen im Atelier NRW (Kloster Steinfeld 2018), insbesondere Joachim Geil, sowie den Teilnehmerinnen des Workshops »Perspektiven der Biografie-Forschung« (2019) im Rahmen des BMBF-Projekts »(Re-)Collecting Theatre History« an der FU Berlin, hier vor allem Doris Kolesch und Christian Klein, dessen Widerspruch mir half, einige Gedanken zu schärfen. Die schriftliche Fassung verbesserten Susette Schuster, Leo Pinke, Anno Mungen und Martin Füg als kritische Erstleserinnen.

Catharina Linck, Adele Schopenhauer, Sibylle Mertens-Schaaffhausen und Anne Lister sei dieses Buch gewidmet.

Bibliographie

Arendt, Hannah [1959] [12]2003: *Rahel Varnhagen. Lebensgeschichte einer deutschen Jüdin aus der Romantik.* München: Piper.

Aristoteles 1987: *Poetik.* Stuttgart: Reclam.

Backscheider, Paula R. 1999: *Reflections on biography.* Oxford: Oxford University Press.

Blamberger, Günter 2008: »Poetik der Biographie. Über Konstruktionsprinzipien von Lebensgeschichten.« Rolf Füllmann u. a. (Hgg.): *Der Mensch als Konstrukt. Festschrift für Rudolf Drux zum 60. Geburtstag.* Bielefeld: Aisthesis, 359-371.

Bourdieu, Pierre 1990: »Die biographische Illusion.« *Bios. Zeitschrift für Biographieforschung* 1, 75-81.

Bovenschen, Silvia 2006: *Älter werden. Notizen.* Frankfurt a. M.: Fischer.

Campe, Joachim Heinrich 1801: *Wörterbuch zur Erklärung und Verdeutschung der unserer Sprache aufgedrungenen fremden Ausdrücke.* 2 Bde. Braunschweig: Schulbuchhandlung.

Damm, Sigrid 1998: *Christiane und Goethe. Eine Recherche.* Frankfurt a. M.: Insel.

Droysen, Johann Gustav [1857] 1977: *Historik.* Rekonstruktion der ersten vollständigen Fassung der Vorlesungen. Hg. von Peter Leyh. Stuttgart: Frommann-Holzboog.

Felken, Detlef 2013: »Die Größe der Anderen. Anmerkungen zur Lage der Biographie.« Christian Klein (Hg.): *Biographie.* Hannover: Wehrhahn, 13-26.

Fetz, Bernhard und Hannes Schweiger (Hgg.) 2006: *Spiegel und Maske. Konstruktionen biographischer Wahrheit.* Wien: Zsolnay.

Fetz, Bernhard 2009: »Die vielen Leben der Biographie. Interdisziplinäre Aspekte einer Theorie der Biographie.« Ders. (Hg.): *Die Biographie. Zur Grundlegung ihrer Theorie.* Berlin: De Gruyter, 3-66.

Fetz, Bernhard und Wilhelm Hemecker (Hgg.) 2011: *Theorie der Biographie. Grundlagentexte und Kommentar.* Berlin und New York: de Gruyter. Darin:

Carlyle, Thomas [1840]: »Über Helden, Heldenverehrung und das Heldentümliche in der Geschichte«, 29-32.

Dilthey, Wilhelm [1910]: »Der Aufbau der geschichtlichen Welt in den Geisteswissenschaften«, 59-64.

Hildesheimer, Wolfgang [1981]: »Die Subjektivität des Biographen«, 285-295.

Kracauer, Siegfried [1930]: »Die Biographie als neubürgerliche Kunstform«, 119-123.

Woolf, Virginia [1939]: »Die Kunst der Biographie«, 161-169.

Freud, Sigmund [1910] 1999: »Eine Kindheitserinnerung des Leonardo da Vinci.« *Gesammelte Werke.* Bd. 8: *Werke aus den Jahren 1909-1913.* Frankfurt a. M.: Fischer, 128-211.

Fried, Johannes 2013: *Karl der Große. Gewalt und Glaube. Eine Biographie.* München: C. H. Beck.

Goethe, Johann Wolfgang von: *Werke*. Hamburger Ausgabe. Hamburg: Wegner.
Bd. 9, 1955: »Aus meinem Leben. Dichtung und Wahrheit« [1811]. *Autobiographische Schriften I*.
Bd. 14, 1960: »Materialien zur Geschichte der Farbenlehre« [1810]. *Naturwissenschaftliche Schriften II*, 7-269.

Härtling, Peter 1976: *Hölderlin. Ein Roman*. Darmstadt: Luchterhand.

Hemecker, Wilhelm (Hg.) 2009: *Die Biographie. Beiträge zu ihrer Geschichte*. Berlin und New York: De Gruyter.

Hildesheimer, Wolfgang 1981: *Marbot. Eine Biographie*. Frankfurt a. M.: Suhrkamp.

Hinrichs, Carl 1941: *Friedrich Wilhelm I. König in Preußen. Eine Biographie*. Hamburg: Hanseatische Verlagsanstalt.

Höller, Hans 2011: »Sigrid Weigels anti-biographische Biographie. Eine kritische Lektüre.« Wilhelm Hemecker und Manfred Mittermayer (Hgg.): *Mythos Bachmann. Zwischen Inszenierung und Selbstinszenierung*. Wien: Zsolnay, 37-53.

Holmes, Richard 2002: »The proper study?« Peter France und William St Clair (Hgg.): *Mapping lives. The uses of biography*. Oxford: Oxford University Press, 7-18.

Houben, Heinrich Hubert 1935: *Die Rheingräfin. Das Leben der Kölnerin Sibylle Mertens-Schaaffhausen*. Essen: Essener Verlagsanstalt.

Kermode, Frank [3]1980: *The genesis of secrecy. On the interpretation of narrative*. Cambridge, Mass.: Harvard University Press.

Kershaw, Ian 1998, 2000 und 2001: *Hitler*. 3 Bde. Stuttgart: Deutsche Verlags-Anstalt.

Klein, Christian (Hg.) 2002: *Grundlagen der Biographik. Theorie und Praxis des biographischen Schreibens*. Stuttgart: Metzler.

Klein, Christian 2008: »Kafkas Biographie und Biographien Kafkas.« Bettina von Jagow und Oliver Jahraus (Hgg.): *Kafka-Handbuch. Leben – Werk – Wirkung*. Göttingen: Vandenhoeck & Ruprecht, 17-36.

Klein, Christian (Hg.) 2009: *Handbuch Biographie. Methoden, Traditionen, Theorien*. Stuttgart: Metzler.

Klein, Christian und Matías Martínez (Hgg.) 2009: *Wirklichkeitserzählungen. Felder, Formen und Funktionen nicht-literarischen Erzählens*. Stuttgart: Metzler.

Kühn, Dieter 2002: *Frau Merian! Eine Lebensgeschichte*. Frankfurt a. M.: Fischer.

Kunisch, Johannes 2004: *Friedrich der Große. Der König und seine Zeit*. München: C. H. Beck.

Kurzke, Hermann 2002: »Das Leben als Kunstwerk. Geständnisse eines Thomas-Mann-Biographen.« *Kursbuch* 148: *Die Rückkehr der Biographien*. Berlin: Rowohlt, 127-137.

Literaturen. Das Journal für Bücher und Themen. Heft 7/8, 2001 (»Biografien. Leben & Legenden«).

Löffler, Sigrid 2001: »Biografie. Ein Spiel. Warum Engländer Weltmeister in einem so populären wie verrufenen Genre sind.« *Literaturen. Das Journal für Bücher und Themen*. Heft 7/8, 14-17.

Mann, Golo 1971: *Wallenstein. Sein Leben erzählt von Golo Mann*. Frankfurt a. M.: Fischer.

Meier, Christian 1982: *Caesar*. Berlin: Severin und Siedler.

Mommsen, Theodor 1905: *Reden und Aufsätze*. Berlin: Weidmann.

Mommsen, Wilhelm 1930: *›Legitime‹ und ›illegitime‹ Geschichtsschreibung. Eine Auseinandersetzung mit Emil Ludwig*. München: Oldenbourg.

Moritz, Karl Philipp [1785–90] 2006: *Anton Reiser. Ein psychologischer Roman in vier Teilen*. Düsseldorf: Artemis und Winkler.

Moulin, Joanny 2015: »Introduction: Towards biography theory.« *Cercle. Revue Pluridisciplinaire du Monde Anglophone*. Université de Rouen, 1-11 {https://hal.archives-ouvertes.fr/hal-01078127v1/document}, letzter Zugriff 9. Juli 2019.

Nadel, Ira Bruce 1984: *Biography. Fiction, fact and form*. New York: St. Martin's Press.

Nietzsche, Friedrich: *Werke. Kritische Gesamtausgabe*. Hg. von Giorgio Colli und Mazzino Montinari. Berlin: de Gruyter.

Bd. III/2, 1973: »Die Philosophie im tragischen Zeitalter der Griechen.« *Nachgelassene Schriften 1870–73*, 293-366.

Bd. VIII/1, 1974: *Nachgelassene Fragmente Herbst 1885 bis Herbst 1887.*

Plutarch 1994: *Fünf Doppelbiographien*. 2 Bde. Darmstadt: Wissenschaftliche Buchgesellschaft.

Querelles. Jahrbuch für Frauenforschung. Bd. 6: Biographisches Erzählen. Hg. von Irmela von der Lühe und Anita Runge. Stuttgart: Metzler, 2001.

Ranke, Leopold von [1831] 1975: »Idee der Universalhistorie.« Ders.: *Aus Werk und Nachlaß*. Hg. von Volker Dotterweich und Walther Peter Fuchs. Bd. 4: *Vorlesungseinleitungen*. München: Oldenbourg, 72-89.

Raulff, Ulrich 2002: »Das Leben – buchstäblich. Über neuere Biographik und Geschichtswissenschaft.« Christian Klein (Hg.): *Grundlagen der Biographik. Theorie und Praxis des biographischen Schreibens*. Stuttgart: Metzler, 55-68.

Reulecke, Anne-Kathrin 1993: »›Die Nase der Lady Hester.‹ Überlegungen zum Verhältnis von Biographie und Geschlechterdifferenz.« Hedwig Röckelein (Hg.): *Biographie als Geschichte*. Tübingen: edition diskord, 117-142.

Rose, Phyllis 1978: *Woman of letters. A life of Virginia Woolf*. London: Routledge and Kegan Paul.

Scheuer, Helmut 1979: *Biographie. Studien zur Funktion und zum Wandel einer literarischen Gattung vom 18. Jahrhundert bis zur Gegenwart*. Stuttgart: Metzler.

Stach, Reiner 2002, 2008 und 2014: *Kafka*. 3 Bde. Frankfurt a. M.: Fischer.

Steidele, Angela 2004: *In Männerkleidern. Das verwegene Leben der Catharina Margaretha Linck alias Anastasius Lagrantinus Rosenstengel, hingerichtet 1721. Biographie und Dokumentation*. Köln: Böhlau.

Steidele, Angela 2010: *Geschichte einer Liebe: Adele Schopenhauer und Sibylle Mertens*. Berlin: Insel.

Steidele, Angela 2015: *Rosenstengel. Ein Manuskript aus dem Umfeld Ludwigs II*. Berlin: Matthes & Seitz.

Steidele, Angela 2017: *Anne Lister. Eine erotische Biographie*. Berlin: Matthes & Seitz.

Steidele, Angela 2018: *Zeitreisen. Vier Frauen, zwei Jahrhunderte, ein Weg*. Berlin: Matthes & Seitz.

Steidele, Angela 2018: »Auf dem Weg zu einer Poetik der Biographie.« *Sprache im technischen Zeitalter*, Heft 228, 568-573.

Stollberg-Rilinger, Barbara 2017: *Maria Theresia. Die Kaiserin in ihrer Zeit. Eine Biographie*. München: C. H. Beck.

Strigl, Daniela 2018: *Alles muss man selber machen. Biographie, Kritik*, Essay. Graz: Droschl.

Treitschke, Heinrich von 1879: *Deutsche Geschichte im Neunzehnten Jahrhundert*. Erster Teil. Bis zum zweiten Pariser Frieden. Leipzig: Hirzel.

Updike, John 1999: »One cheer for literary biography.« *New York Review of Books*. Vol. 46, 2 (4. Februar), 3-5.

Weigel, Sigrid 1999: *Ingeborg Bachmann. Hinterlassenschaften unter Wahrung des Briefgeheimnisses*. Wien: Zsolnay.

White, Hayden [1978] 1986: »Der historische Text als literarisches Kunstwerk.« *Auch Klio dichtet oder die Fiktion des Faktischen. Studien zur Tropologie des historischen Diskurses*. Stuttgart: Klett-Cotta, 101-122.

Wickert, Lothar 1959–1980: *Theodor Mommsen. Eine Biographie*. 4 Bde. Frankfurt a. M.: Klostermann.

Woolf, Virginia [1927] 2008: »The New Biography.« *Selected Essays*. Hg. von David Bradshaw. Oxford: Oxford University Press, 95-100.

Woolf, Virginia [1928] 2012: *Orlando. Eine Biographie*. Übersetzt von Melanie Walz. Berlin: Insel.

Woolf, Virginia [1928] 1993: *Orlando. The Original Holograph Draft*. London: Clarke.

Zimmermann, Christian und Nina von (Hgg.) 2005: *Frauenbiographik. Lebensbeschreibungen und Portraits*. Tübingen: Narr.

Anmerkungen

Zitate ohne eigenen Nachweis werden mit dem Folgenden belegt. Fremdsprachliche Zitate wurden, wo immer möglich, nach einer veröffentlichten deutschen Übersetzung zitiert. In den übrigen Fällen stammen die Übersetzungen von Angela Steidele.

1 Aristoteles 1987, 29 (9. Kapitel, 1451b).
2 Plutarch 1994, Bd. 1, 9.
3 Felken 2013, 14.
4 Dilthey [1910] in Fetz und Hemecker 2011, 60.
5 Nietzsche [1870–1873], Bd. III/2, 312.
6 Houben 1935, 49. Die Biographie wurde nach Houbens Tod aus seiner Materialsammlung redaktionell erstellt.
7 Woolf [1927] 2008, 97, 96.
8 W. Mommsen 1930 sowie der Titel eines Sonderhefts der *Historischen Zeitschrift* von 1928.
9 Kracauer [1930] in Fetz und Hemecker 2011, 121.
10 Das unzeitgemäße Grundlagenwerk, das Helmut Scheuer 1979 vorlegte, vermochte keine Rehabilitierung der Gattung einzuläuten.
11 Bourdieu 1990, 76.
12 Weigel 1999, 295.
13 Löffler 2001, 15.
14 Bair in *Literaturen* 2001, 38.

15 Fetz 2009, 3, 8. Trotz ihrer vielversprechenden Titel schlagen weder Blamberger (2008) noch Fetz und Hemecker (2011) Gattungsgesetze vor. Auf Nadels (1984) wenig beachtete Aspekte einer Poetik der Biographie möchte ich z. T. aufbauen.

16 Moulin 2015, 1.

17 Kershaw in *Literaturen* 2001, 39.

18 Kershaw 1998, 8.

19 Freud [1910] 1999, 202.

20 Safranski in *Literaturen* 2001, 41.

21 Stach 2002, xxiii f.

22 Kershaw in *Literaturen* 2001, 40.

23 Reulecke 1993, 118 f.

24 Mit »Great Men« meint Carlyle hier Männer und nicht Menschen. Vgl. Fetz und Hemecker 2011, 33.

25 Treitschke 1879, 28.

26 Reulecke 1993, 119, 128 f.

27 Den wenigen Gegenbeispielen ging häufig ein sexuelles oder verwandtschaftliches Verhältnis voraus, wie etwa bei Caroline von Wolzogen, *Schiller* (1830), Levin Schücking, *Annette von Droste* (1862), Lou Andreas-Salomé, *Rilke* (1928), Quentin Bell, *Virginia Woolf* (1972).

28 Kurzke 2002, 132.

29 Woolf [1928] 2012, 60 f.

30 Woolf [1928] 2012, 233.

31 *Saturday Review* 1872 bzw. Willkie Collins, zitiert nach Nadel 1984, 87.

32 Klein 2008, 22.

33 Kunisch 2004, 8.

34 Höller 2011, 38.

35 Kühn 2002, 195.

36 Dilthey [1910] in Fetz und Hemecker 2011, 60.
37 Arendt [1959] ^{12}2003, 12.
38 Goethe [1811] Bd. 9, 1955, 9.
39 Th. Mommsen zitiert von Wickert 1959–80, Bd. 4, 239.
40 Kunisch 2004, 9, 10.
41 Reulecke 1993, 122, 134, 135.
42 Hildesheimer [1981] in Fetz und Hemecker 2011, 290.
43 Backscheider 1999, 119, vgl. Löffler 2001, 16.
44 Härtling 1976, 7.
45 Nietzsche [1885–1887] Bd. VIII/1, 323.
46 Raulff 2002, 62.
47 Rose 1978, xii.
48 Bovenschen 2006, 153, 155.
49 Tagebuch von Anne Lister, 20. bzw. 29. August 1823, Steidele 2017, 111.
50 Kunisch 2004, 8.
51 Stollberg-Rilinger 2017, xiv, xxiv.
52 Fried 2013, 9.
53 Stollberg-Rilinger 2017, 2.
54 Kermode ^{3}1980, 117.
55 Stollberg-Rilinger 2017, xxviii.
56 Nadel 1984, 9, 154.
57 White [1978] 1986, 121.
58 Ranke [1831] 1975, 72.
59 Droysen [1857] 1977, 405.
60 Dilthey [1910] in Fetz und Hemecker 2011, 60.
61 Th. Mommsen [1874] 1905, 11.
62 Nünning in Klein 2009, 25.
63 Klein und Martínez 2009, 1, 7, 1, 2 f.
64 White [1978] 1986, 121.
65 Hanuschek in Klein 2009, 14.
66 Steidele 2004, 134.

67 Hinrichs 1941, 590.

68 Steidele 2004, 172.

69 Das oft kolportierte Bonmot geht auf Richard Holmes (2002, 8) zurück, der es fälschlich John Updike (1999) zuschreibt.

70 Moritz [1785–90] 2006, 9.

71 Campe 1801, Bd. 2, 593f.

72 Mann 1971, 269.

73 Meier 1982, 581, 580.

74 Strigl 2018, 10.

75 Hildesheimer 1981, 7.

76 Steidele 2010, 155f. bzw. 317.

77 Scheuer 1979, 7.

78 Nadel 1984, 103.

79 Woolf [1939] in Fetz und Hemecker 2011, 161.

80 Byatt in *Literaturen* 2001, 33.

81 Nadel 1984, 103.

82 Felken 2013, 13.

83 Nadel 1984, 154.

84 Woolf [1928] 1993, 80.

85 Schon Nadel vermisst eine leserorientierte Theorie der Biographie in Analogie zur Rezeptionsästhetik des Romans. Die vorliegende Poetik hofft, einer solchen Anregungen zu geben.

86 Stach 2002, xvii.

87 Woolf [1939] in Fetz und Hemecker 2011, 162, 168.

88 Goethe [1810] Bd. 14, 1960, 41.

Erste Auflage Berlin 2019

MSB Matthes & Seitz Berlin Verlagsgesellschaft mbH
Göhrener Str. 7 | 10437 Berlin
info@matthes-seitz-berlin.de

Satz: Monika Grucza, Berlin
Druck und Bindung: Art Druk, Szczecin
Umschlaggestaltung nach einer Idee von Pierre Faucheux
ISBN 978-3-95757-803-7
www.matthes-seitz-berlin.de